KB104575

파리가 사랑한 천재들

예술인편

파리가사랑한천재들 예술인편
모딜리아니에서 샤넬까지

초판 1쇄 발행 2016년 9월 30일
초판 2쇄 발행 2017년 4월 30일

지은이 조성관
펴낸이 정차임
펴낸곳 도서출판 열대림
출판등록 2003년 6월 4일 제313-2003-202호
주소 서울시 영등포구 양평동3가 66 삼호 1-2104
전화 332-1212
팩스 332-2111
이메일 yoldaerim@naver.com

ISBN 978-89-90989-64-2 03900

모딜리아니에서 샤넬까지

파리가 사랑한 천재들

예술인편

조성관 지음

열대림

이 책은 방일영문화재단의 지원으로 저술·출간되었습니다.

차례

샤넬, 패션의 혁명

에펠, 파리의 불빛

피아프, 신의 목소리

머리말

빈에서 시작된, 천재의 흔적을 좇는 인문기행이 프라하와 런던과 뉴욕을 거쳐 백야(白夜)의 도시 페테르부르크까지 이어졌다. 빈을 쓸 때 프라하를 염두에 둔 것은 아니었는데도 어떤 보이지 않는 힘에 끌려 나는 프라하로 인도되었다. 프라하가 런던을 불러온 것도 그랬다. 런던에서 뉴욕으로 간 것이나 뉴욕에서 페테르부르크로 간 것도 마찬가지였다.

'도시가 사랑한 천재들' 시리즈는 2007년 처음 세상 빛을 본 이후 지금까지 독자들의 꾸준한 사랑을 받고 있다. 독자들은 '도시가 사랑한 천재들' 시리즈가 테마 여행의 새로운 지평을 열었다는 반응을 전해오고 있다.

10년 이상 이 작업을 해오면서 나는 많은 독자들로부터 똑같은 질문을 받곤 했다. 그것은 "파리는 언제쯤 하느냐?"였다. 그들은 파리가 어느 도시보다도 많은 천재를 배출한 곳임을 잘 알기에 어떤 천재들을 통해 파리를 보여줄지 몹시 궁금해 했다. 그때마다 시리즈의 반환점을 도는 시점에서 파리를 다룰 것이라고 답했다.

문화기행 작가로서 나는 '도시가 사랑한 천재들' 시리즈 10권 출간을 목표로 삼고 있다. 마라토너가 반환점을 찍고 결승점으로 내달리기 위해서는 새로운 에너지가 필요하다. 나는 결승선을 향해 나를 밀어가는 추동력을 파리에서 얻고자 했다. 처음 시작하는 것과 같은 결의와 열정을 파리에서 충전하고 싶었다.

2014년 초 '페테르부르크' 편 작업이 거의 막바지에 이르렀을 때 나는 '파리'를 구상하기 시작했다. 왜 파리인가? 파리는 100년 전, 아니 30년 전이나 지금이나 세계인이 가장 찾고 싶어 하는 도시다. 최근 파리 시내 한복판에서 끔찍한 테러가 벌어졌지만 이것이 세계인의 파리로 향한 열망을 식히지는 못했다. 테러의 공포가 뒷골목을 배회해도 센 강은 유유히 흐르고 에펠탑은 거기 그대로다. 파리는 세계 어느 도시보다도 자유롭고 낭만적이고 사랑이 넘친다.

센 강 풍경

파리는 예술의 도시다. 이와 함께 파리는 최초의 도시다. 예술과 과학, 그리고 사상사에서 파리는 세계 최초를 기록한 게 많다. 19~20세기 파리는 세계의 예술가들에게 로망이었다. 특히 벨 에포크(belle epoch, 좋은 시절)로 불리는 19세기 말부터 1차 세계대전 직전까지 파리는 블랙홀처럼 세계의 예술가들을 빨아들였다. 스페인, 이탈리아, 러시아, 미국, 일본, 한국…… 다양한 예술가들이 파리에서 뒤엉켰고, 이들은 서로 영향과 자극을 주고받으며 지구상에 존재하지 않았던 흐름을 창조해 냈다. 미술사의 중요 사조(思潮)가 거의 파리에서 태동했다. 인상주의는 1874년 모네에 의해 파리에서 태어났다. 어디 그뿐인가. 야수파, 입체파, 초현실주의, 아르누보…… 20세기 들어 패션이 파리에서 태동한 것은 자연발생적이다. 샤넬이 패션을 창조했고, 크리스찬 디올이 그 뒤를 이어받으며 파리를 패션의 제국으로 완성했다.

19세기 유럽은 과학기술에서 눈부신 진보를 이뤘다. 파리는 런던과 경쟁을 벌이며 과학기술의 발전을 선도했다. 파리가 런던과 다른 점이 한 가지 있다. 파리는 과학기술을 예술의 영역으로 끌어들여 승화시킨 곳이라는 점이다. 에펠은 1889년 오로지 철골로만 이뤄진 세계 최고(最高)의 탑을 세움으로써 건축적 차원을 뛰어넘어 미(美)에 대한 인류의 고정관념을 바꿔놓았다. 에펠탑은 벨 에포크의 상징이 되었다. 뤼미에르 형제가 움직이는 사진, 즉 영화를 최초로 선보인 곳도 파리였다. 형제는 1895년 이를 시네마토그라피(cinematography)라 명명했다. 퀴리 부부가 라듐을 발견하고, 루이 파스퇴르가 백신을 발명한 곳도 파리였다. 퀴리 부부와 파스퇴르가 살았던 집은 지척에 있다.

파리는 혁명의 도시다. 루소의 《사회계약론》은 프랑스 대혁명의 맹아를 뿌렸으며 민주제의 기초를 제공했다. 왕권신수설에 의해 군주제를 받아들여온 국민에게 자유민권사상을 심어준 것이 《사회계약론》이다. 루소는 파리에서 활동했으며 팡테옹에 영면해 있다. 프랑스 대혁명의 정신인 자유·평등·박애는 프랑스인의 정신세계에 면면히 흐르고, 이것이 톨레랑스(관용)로 발현되었다. 톨레랑스는 사상을 넘어서 예술에도 적용되었다. 빈에서 외설로 몰렸던 클림트의 '학부화'가 파리에서는 대상을 받았다. 서양 철학의 중요 흐름인 실존주의가 탄생한 곳도 파리였다.

천재 시리즈를 집필하면서 늘 겪는 일이지만 파리의 경우 인물 선정이 쉽지 않았다. 나름대로 위고, 발자크, 로댕, 모딜리아니, 드뷔시, 샤넬 6인을 선정했다. 문학에서 위고와 발자크, 조각에서 로댕, 회화에서 모딜리아니, 음악에서 드뷔시, 패션에서 샤넬을 선택한 것은 누구나 할 수 있는 보편적인 선택이었다. 음악에서 쇼팽을 생각했지만 프랑스 태생이 아니어서 배제했다. 건축에서 르 코르뷔지에를 놓고 고민해 봤으나 국내 독자들에게 대중적이지 않다는 이유로 제외했다.

에펠탑 아래의
에펠 흉상

'페테르부르크' 편이 나온 뒤 언론계 출신의 정계 인사와 식사 자리를 갖게 되었다. 식사를 하던 중 그가 물었다. "파리는 인물이 정해졌는지요?" 나는 별 생각 없이 위에 언급한 여섯 사람을 나열했다. 그랬더니 그가 이렇게 되물었다.

"그런데 에펠은 왜 빼셨는지요? 에펠 없이 19~20세기 프랑스를 논할 수가 없는데. 에펠이 철교를 건설했기 때문에 프랑스가……."

몽마르트의
사크레 쾨르 성당

　이날 이후 머리 속이 복잡해졌다. 과연 에펠을 '파리'에 넣어도 되는 것일까. 확신이 더 필요했다. 평소 신뢰해 온 언론계 선배와의 식사 자리에서 에펠 이야기를 꺼냈다. 그 선배는 당연히 에펠을 다뤄야 한다고 강조했다. 막상 에펠을 추가하고 보니 선정된 인물들이 각기 따로 노는 듯했다. 또한 무게 중심이 예술가 쪽으로 기운다는 느낌도 주었다. 한 권에 일곱 명을 다루다 보면 한 사람 당 원고 분량이 줄어들어 자칫 겉핥기로 끝날 수도 있다는 우려도 있었다.

　고심 끝에 나는 파리에 한해 과감하게 문인편과 예술인편 두 권을 쓰기로 했다. 문인편에는 위고, 발자크에 이어 에밀 졸라, 마르셀 프루스트, 시몬 드 보부아르를 추가했다. 에밀 졸라는 《목로주점》을 쓴 소설가이면서 권력의 횡포에 맞서 '나는 고발한다'로 양심의 목소리를 실천한 인물이다. 프루스트는 궁극의 문학이라 일컬어지는 《잃어버린 시간을 찾아서》의 작가이고, 보부아르는 《제2의 성》을 썼을 뿐만 아니라

테르트르 광장

사르트르와 동반자였다.

예술인편은 로댕, 에펠, 샤넬, 드뷔시, 모딜리아니 5인으로 확정했다. 관련 책들을 사들인 뒤 인물에 대한 연구를 막 시작하려는 시점이었다. 가수 출신 방송인과 서래마을의 한 카페에서 커피를 마시던 중에 이런 질문을 받았다. "파리에 들어갈 사람은 다 결정되셨나요?" 나는 그간 의 자초지종과 함께 10인의 천재를 열거했다. 그랬더니 이 방송인이 뜻 밖의 반응을 보였다.

"파리 하면 에디트 피아프 아닌가요? 파리의 목소리가 에디트 피아 프인데. 저는 드뷔시보다는 피아프가 들어가야 한다고 생각합니다."

순간, 나는 뒤통수를 얻어맞은 듯한 충격에 빠졌다. 에디트 피아프 라니! 피아프를 한 번도 생각하지 않은 것은 아니지만 진지하게 검토 하지는 않았다. 피아프의 노래를 좋아하지만 그녀가 파리의 음악을 대표한다고는 생각하지 못했다.

나는 에디트 피아프를 놓고 음악 자문 그룹과 만나 토론을 벌였다. 드뷔시는 음악에 인상주의를 도입한 사람이다. 열띤 토론이 오고갔다. 자문 그룹 역시 피아프가 드뷔시보다 훨씬 더 파리를 대변한다는 데 의견을 모았다. 이렇게 해서 피아프로 최종 결정되었다.

결론부터 말하면, 에펠을 추천받은 것은 하늘의 도움이었다. 만일 에펠을 빼놓고 파리를 썼다면 그것은 파리를 쓴 게 아니다. 마치 용을 그려놓고 용의 눈을 그리지 않은 것이나 다름없었을 것이다. 에펠의 등장으로 인해 파리는 문인편과 예술인편으로 나누어졌고, 나는 10인의 천재를 따라 씨줄과 날줄로 직조하듯 파리를 호흡할 수 있었다.

10인의 천재가 살았던 시기를 보면 18세기 말부터 20세기 후반까지다. 발자크(1799~1850)가 가장 앞서고, 위고(1802~1885)가 바로 뒤를 잇고 있다. 발자크와 위고는 조각가 로댕(1840~1917)과 같은 시대를 살았다. 발자크와 위고는 서로 교유했지만 두 사람은 연배 차이가 나는 로댕과는 교유가 없었다. 하지만 로댕은 에밀 졸라와 왕래했다. 발자크와 위고를 깊이 숭상했던 로댕은 에밀 졸라가 찾아와 두 사람의 상(像)을 의뢰했을 때 이를 흔쾌히 수락했다. 보부아르(1908~1986)와 피아프(1915~1963) 두 사람만 20세기에 생을 받아 20세기에 생을 마쳤다.

천재 10인의 삶을 따라가 보는 것은 곧 19~20세기의 파리를 들여다보는 것

로댕 묘에 세워진
〈생각하는 사람〉

퐁피두센터

과 같다. 발자크와 위고의 흔적과 작품을 통해서 우리는 프랑스 대혁
명 이후 프랑스에서 벌어진 피의 격랑(激浪)과 함께 나폴레옹이라는 영
웅의 탄생을 목도할 수 있다. 로댕을 통해서는 나폴레옹 3세 시대를 들
여다보게 된다. 프루스트와 만나는 것은 세기말 파리의 귀족 문화와
살롱 문화를 접하는 일이다. 또한 샤넬, 피아프, 보부아르를 통해서는
1·2차 세계대전이 그들의 인생과 예술에 어떻게 나이테처럼 아로새겨
져 있는지를 확인하게 된다.

　파리에 처음 온 사람은 누구나 에펠탑에 올라간다. 에펠탑에 올라
가본다고 모두 에펠을 안다고 할 수는 없다. 하지만 에펠탑을 하루 동
안 차분하게 살펴볼 수만 있다면 어느 순간 눈이 밝아지는 기분을 맛
볼 것이다. 비로소 마레 지구의 퐁피두센터와 루브르 박물관의 피라미
드 출입구가 어떻게 태어날 수 있었고, 두 기념비적 건축물에 에펠의 정
신이 어떻게 스며 있는지를 이해하게 된다. 또한 현대 건축, 더 나아가

현대 디자인이 에펠에 얼마나 큰 빚을 지고 있는지를 깨닫는다. 또 에 펠탑과 관련된 극적인 이야기들은 얼마나 많은가.

피아프가 아니었으면 나는 파리의 목소리를 놓칠 뻔했다. 피아프를 통해 나는 벨빌 가와 피갈 가의 정서를 호흡했고 물랭루즈와 올랭피아 를 느낄 수 있었다. 피아프를 만나지 않았다면 내가 어찌 20세기 파리 의 뒷골목, 밤무대의 역사, 파리지엥의 샹송을 이해할 수 있을 것인가.

센 강, 시테 섬, 노트르담 성당, 에펠탑, 개선문, 샹젤리제 대로, 생제 르망 대로, 카페 되마고와 카페 플로르, 루브르 박물관, 오랑주리 미술 관, 오르세 미술관, 앵발리드, 팡테옹, 퐁데자르, 리츠 호텔, 뤽상부르 정원, 물랭루즈, 몽마르트 언덕, 테르트르 광장, 캉봉 가, 올랭피아, 몽 파르나스, 페르 라셰즈 묘지, 16구와 불로뉴 숲⋯⋯.

파리를 찾는 사람이라면 누구나 한번쯤은 들르고 싶어 하는 곳들이 다. 천재들은 이곳에 저마다의 보이지 않는 흔적을 남겼다. 프랑스는 2차대전 당시 파리를 보존하려 독일과 싸우지 않고 항복을 선택했다. 그 결과 역사적인 현장이 고스란히 남아 있다. 지금부터 10인의 천재들 과 함께 파리를 여행해 보기로 한다. 파리가 전혀 다른 얼굴로 말을 걸 어오는 것을 확인하게 될 것이다.

조성관

파리 현지 취재에는 여러분의 도움이 있었다. 먼저 루이까또즈 전용준 회장님에게 감 사를 표한다. 평소 예술가를 꾸준히 후원해 온 전 회장님은 '뉴욕'에 이어 두 번째로 '파 리' 현지 취재를 후원했다. 대한노인회 이심 회장님, 안아픈병원의 김문호 박사님, MPS 정해룡 대표님도 파리 취재에 아낌없는 격려를 보내주셨다. 샤넬 아시아 지역 패션 총 괄 허산주님, 소쿠리패스 이재숙 이사님에게도 깊은 감사를 드린다. 코디네이터 겸 통 역 이보름 씨도 언급하지 않을 수 없다. 건축가 이보름 씨를 만난 건 행운이었다. 이보 름 씨의 진실한 도움이 없었으면 40도를 웃도는 폭염 속에 힘든 취재를 무사히 마칠 수 없었을 것이다.

모딜리아니,
비운의 드라마
1884~1920

비운의 요절 화가

19~20세기 파리에서 활동한 화가들 중에서 나는 개인적으로 모딜리아니의 작품에 가장 전율한다. 많은 사람들이 상찬하는 인상파의 마네·모네·르누아르도, 입체파의 피카소도, 야수파의 마티스도, 초현실주의파의 달리도 모딜리아니만큼은 아니었다. 나는 그 이유를 명확하게 설명할 능력은 없다.

내가 모딜리아니의 그림을 처음 접한 것은 대학 시절이었다. 콧선과 목이 비대칭적으로 길고 눈동자를 그려넣지 않은 여인의 초상화 그림은 그 자체로 충격이었다. 이 화가는 왜 눈과 코와 목을 이렇게 표현했을까? 솔직히 그때는 그림에 관심이 없을 때여서 그림의 제목이 입력되지는 않았다. 지금 와서 보면, 그 그림이 〈푸른 눈의 여인〉이 아니었을까 생각한다. 문외한의 눈에, '푸른 눈'은 생경했고 어느 면에선 괴기스럽기까지 했다. 물론 정확히 표현하면 초록색 눈이 맞을 것이다.

그런데 참으로 이상했다. 기억은 시간이 흐르면 좀이 슬게 마련인데, 시간이 지나도 초록색 눈은 쉬이 지워지지 않고 오랜 시간 잔상이 남아 머리 속을 맴돌았다. 그러던 어느 순간 초록색 눈이 열 추적 망원

〈푸른 눈의 여인〉,
1917, 캔버스에 유채,
파리 현대미술관

경 같다는 생각이 스쳤다. 어둠 속에서도 동물의 움직임을 감지해 녹색으로 표시하는 열 추적 망원경처럼 초록색 눈이 깊고 깊은 인간의 심연을 꿰뚫어보고 있는 건 아닌가 하는 생각!

모딜리아니의 삶과 예술에 관심을 갖게 된 이유는 이것 말고도 아주 사적인 이유가 또 있다. 그가 궁핍 속에서 살다가 결핵으로 비참하게 죽었다는 사실 때문이다. 나는 대학생 시절 1년 여 정도 폐결핵 치료를 받은 적이 있다. 지금도 의사는 건강검진 때마다 폐 X선 사진을 보면서 이런 말을 한다. "왼쪽 폐에 비활동성 결핵 흔적이 두 개 있네요." 석화(石火)된 결핵 흔적은 크기가 손톱만 하다. 내 몸 안에서 결핵균이 활동성에서 비활동성으로 더디게 이행되는 동안 나는 남모르는 외로움에 진저리를 쳤다. 이 시기 나는 특히 폐결핵으로 요절한 작가와 예술가들에게 어떤 동병상련을 느끼곤 했다.

여기에 보편적인 이유도 한 가지 덧붙일 수 있겠다. 모딜리아니는 불멸의 천재 이름 앞에 흔히 붙는, 생전에 비참하게 살다가 죽고 나서 유명해진다는 진부하고도 상투적인 형용어귀의 전형이었다.

최근 모딜리아니의 〈누워 있는 나부(裸婦)〉가 그림 경매 사상 두 번째로 고가에 팔렸다. 〈누워 있는 나부〉 연작 한 점이 2015년 여름 예술

의전당에서 열린 모딜리아니 특별전에서도 전시되었다. 나는 그림 앞에서 숨소리조차 얼어붙은 듯 오래 정지해 있었다.

중국 갑부가 뉴욕 크리스티 경매에서 사들인 〈누워 있는 나부〉 누드화는 1억 7,040만 달러, 한화로 1,970억 원이 넘는다. 생전의 모딜리아니는 자신이 그린 그림으로 단 1,000만 원도 번 적이 없다. 그래서 그에 대한 연민이 더 깊다.

초상화를 그리며

아메데오 모딜리아니는 1884년 7월 12일 이탈리아 중부 토스카나 주의 리보르노에서 생을 받았다. 리보르노를 아는 사람은 소수에 불과하지만 토스카나 주의 주도(州都)인 피렌체를 모르는 사람은 거의 없다. 우리가 아는 토스카나 주의 대표 도시는 피렌체, 시에나, 피사 정도다.

르네상스 시대에 관심이 있는 사람은 피렌체라는 지명에서 인류 역사상 가장 유명한 가문 메디치 가를 떠올릴 수도 있겠다. 또 피렌체에서 잠시 요리사로 활동했던 인류 최고의 천재인 레오나르도 다빈치를 기억해 낼 수 있을 것이다.

리보르노는 메디치 가문의 보호 아래 항구도시로 발전해 왔다. 여기서 리보르노의 인문지리를 잠시 살펴보자. 리보르노는 19세기부터 조선소가 들어서면서 철강, 기계, 화학공업이 발달하게 되었다. 토스카나 주에 속한 엘바 섬 때문이다. 지중해 지도를 펴놓고 이탈리아 서부를 보라. 마치 엘바 섬을 향해 손짓을 하듯 삐죽 튀어나온 곳이 보인다. 리보르노 항구다. 엘바 섬은 나폴레옹이 1차로 유배된 섬으로 더 많이 알려졌지만

철광석, 구리 등이 매장된 자원의 보고(寶庫)였다. 엘바 섬에서 다량의 철광석과 구리가 생산되면서 리보르노는 조선업이 발달하게 되었다. 리보르노는 상공업이 함께 번창하는 항구도시로 성장하면서 언제나 돈과 일자리가 넘쳤다. 이탈리아 서해안에서 제노바, 나폴리에 이어 세 번째 항구도시가 리보르노였다.

서유럽의 모든 번성한 항구도시가 그렇듯 리보르노에도 유대인 공동체가 형성되어 있었다. 아버지 플라미니오 모딜리아니는 가죽과 석탄을 파는 유대계 상인이었다. 어머니는 에우제니아 가르생. 성(姓)에서 미뤄 짐작할 수 있는 것처럼 프랑스계였다. 집안은 아버지의

모딜리아니의
아버지와 어머니

안정된 수입을 바탕으로 신흥 부르주아의 생활을 하고 있었다.

아메데오 모딜리아니는 3남 1녀 중 막내로 태어났다. 아버지는 세 아들에게 모두 로마제국 왕자들의 이름을 붙여주었다. 움베르토, 주세페 에마누엘, 아메데오는 모두 이탈리아 왕자들의 이름이었다. 누나는 마르게리트. 3형제는 성향이 제각각이었다. 움베르토는 전기 엔지니어로 살았고, 주세페 에마누엘은 변호사로 일하다 국회의원을 지내기도 했다. 누나 마르게리트는 프랑스어 교사가 되었다. 친가나 외가 어디를 훑어보아도 예술가로 활동한 사람은 보이지 않는다. 다만 어머니를 주목할 필요가 있다. 어머니 가르생은 평범한 여자가 아니었다. 가르생은 이탈리아 시인이자 소설가 가브리엘레 다눈치오의 시를 프랑스어로 번역했을 만큼 지력과 학식이 있었다.

어머니로부터 깊고 아름다운 눈을 물려받은 아메데오는 어려서부터 잘생긴 소년이었다. 리보르노 초등학교 시절 급우들과 찍은 사진을 보면 단연 돋보인다. 옷차림새와 머리 스타일도 깔끔하고 단정했다. 누가 봐도 귀공자 분위기였다.

왼쪽 어머니와 어린 모딜리아니
오른쪽 학창 시절의 모딜리아니(앞줄 가운데)

아메데오는 어려서부터 그림에 재능을 보였다. 돈밖에 모르는 유대 상인이었던 아버지는 막내아들에게서 예술가적 기질이 발현되는 게 영 마뜩치 않았다. 아들이 장사에 관심을 보이지 않는 게 속상했다. 반면에 지적 호기심이 왕성했던 어머니는 달랐다. 블랙 다이아몬드처럼 빛나는 눈빛을 타고난 막내아들이 장차 화가로 성공하는 꿈을 꾸며 흐뭇해 하곤 했다. 막내아들이 르네상스의 거장들과 같은 화가가 되기를 바랐다. 어머니는 어느 날 일기에 아들에 대해 이렇게 썼다.

"이 어린아이의 영혼 속에 무엇이 감추어져 있는지 잠자코 두고 보아야 할 것 같다. 아마도 예술가가 아닐까?"

어린 시절 아메데오는 하루 중 그림을 그리며 노는 시간이 가장 많았다. 그림을 그리지 않을 때는 단테의 《신곡》을 읽고 또 읽었다. 하도 읽어서 《신곡》의 중요한 구절을 달달 외울 정도였다. 하지만 이것이 아메데오가 뛰어난 그림 실력 외에 문학적 재능도 타고났다는 것을 의미하지는 않는다. 당시 이탈리아 초등학교에서는 《신곡》을 읽기 교재로 사용하고 있었기 때문이다. 어린이들에게 《신곡》은 독서의 기준이었다. 어린이들은 《신곡》을 통해 읽어야 할 책과 읽지 말아야 할 책을 구분했다. 《신곡》이 어린 소년에게 깊은 영향을 끼쳤음은 두말할 것도 없다. 모딜리아니 연구자들은 《신곡》이 그의 일생에 걸쳐 모든 행동과 결단을 지배했다고 분석한다. 모딜리아니에게 《신곡》은 조지 오웰에게 《걸리버 여행기》와 흡사하다. 조지 오웰은 어린 시절 《걸리버 여행기》를 읽은 이후로 머리맡에 항상 놓아두고 평생 읽고 또 읽었다.

열네 살에 미술 공부를 시작한 모딜리아니는 열여섯 살 생일날에 첫 폐결핵 증세를 보였다. 겨울이 다가오자 어머니는 아들을 데리고 따뜻한 남쪽 지방으로 내려갔다. 폐결핵 치료에는 따뜻한 햇볕 아래서 쉬는 게 중요하다. 이런 휴양이 주효했는지 폐결핵은 더 이상 진행되지 않았다.

앞서 설명한 것처럼 리보르노는 상공업 도시였다. 예술적 재능을 타고난 아들을 성장시킬 수 있는 환경과는 거리가 멀었다. 그런 리보르노에도 화가들은 존재했다. 화가 미켈리는 그 중에서 아메데오의 천재성을 알아본 사람이었다. 미켈리는 아메데오에게 회화의 기초인 붓을 다루는 법, 색을 혼합하는 법 등을 가르쳤다. 스승 미켈리는 자신의 한계를 정확히 인식하고 있었다. 자신은 더 이상 지도할 능력이 없으니 아메데오에게 피렌체로 가서 미술을 제대로 공부하라고 권한다.

젊은 시절의
모딜리아니

이 대목에서 우리는 불멸의 영화 〈시네마 천국〉의 한 장면을 연상하게 된다. 이탈리아 시골마을의 영화기사 알프레도와 꼬마 토토(살바토레). 영화기사 알프레도는 영화에 재능이 있는 살바토레가 청년이 되자 고향을 떠나라고 등을 떠밀며 말한다. "더 큰 곳으로 가서 넓은 세상을 보라. 고향에 돌아와도 안 만나준다." 살바토레는 알프레도의 말대로 영화감독으로 이름을 얻을 때까지 고향을 찾지 않았다.

아버지는 막내아들을 쉽사리 놓아주지 않았다. 세상의 모든 아버지들은 아들을 곁에 두고 싶어 한다. 아주 특별한 경우를 제외하고. 어쩔 수 없이 아메데오는 리보르노에 머물며 부르주아들의 초상화를 그려주며 돈을 벌었다. 자식을 이기는 부모 없다고 아버지는 마냥 아들을 붙잡아둘 수만은 없었다. 아버지는 아들을 피렌체로 보내야 한다는 걸 알았다. 예술가의 세계를 이해하지 못한 아버지가 막내아들을 객지로 보낼 것을 허락한 데에는 다른 이유가 있었다. 고향에서 초상화를 그려 용돈을 버는 것을 지켜본 아버지는 아들이 타지에 나가서도 초상화를 그리면 적어도 밥은 굶지 않겠다고 생각한 것이다.

베네치아의 두 청년

리보르노 사람들에게 피렌체는 지상 최고의 도시였다. 토스카나 지방 사람들에게 피렌체는 곧 세계의 중심이었다. 미켈리를 포함한 많은 이들이 피렌체에 가면 모든 꿈이 다 이루어질 줄로만 알았다. 아메데오 모딜리아니 역시 꿈을 품고 피렌체로 갔고 미술학교에 등록했다. 그러나 피렌체 미술학교의 실상을 파악하는 데는 그리 오랜 시간이 필요하지 않았다. 19세기의 피렌체는 더 이상 16~17세기의 그 피렌체가 아니었다. 피렌체 미술학교에는 천재성이 잠재된 화가를 키워낼 실력 있는 교사가 없었다. 오히려 피렌체의 교사들은 리보르노의 미켈리 선생보다도 실력이 떨어진다고 모딜리아니는 생각했다.

모딜리아니는 결국 피렌체를 떠나 베네치아로 간다. 베네치아에서도 초상화를 그려 생활비를 벌었다. 이 돈에 어머니가 송금해 주는 용돈을 보태면 혼자 사는 데는 별 문제가 없었다. 베네치아에서 그는 고향 출신의 눈빛이 반짝이는 비범한 두 청년을 만나게 된다. 아르덴고 소피치와 조반니 파피니였다. 훗날 소피치는 화가 겸 작가가 되고, 파피니는 시인 겸 철학자가 된다.

베네치아에서 가장 유명한 곳은, 말할 것도 없이 산마르코 광장이다. 수백 년 된 유서 깊은 건축물로 둘러싸인 산마르코 광장은 발에 밟히는 포석(鋪石) 하나하나가 수백 년의 비바람과 눈보라를 간직하고 있는 공간. 이 광장은 1987년 유네스코에 의해 세계문화유산으로 등재되었다.

이 광장만큼 유명한 카페가 플로리안이다. 베네치아를 여행하는 사람이라면 누구나 한번쯤 들러 에스프레소를 마시고 싶어 하는 카페, 20세기 당대의 작가와 예술가들이 베네치아에 오면 찾는 카페, 그들의

흔적을 찾아 세계인이 찾고 또 찾는 회억(回憶)의 카페.

어느 날 오전이었다. 모딜리아니는 카페 플로리안에서 에스프레소를 시켜놓고 책을 읽고 있었다. 그가 앉은 테이블에는 앞선 손님이 놓고 간 신문이 접혀져 있었다. 그는 신문을 한쪽으로 밀쳐놓고 책을 읽었다. 마침 다른 테이블에 앉아 뭔가 읽을거리를 찾던 남자가 모딜리아니의 테이블에 있는 신문에 눈길이 갔다. 남자는 그의 테이블로 와서 신문을 잠깐 봐도 되는지를 물었다. 그리곤 신문을 집어들었다가 독일어 신문인 것을 알고는 다시 내려놓았다. 그가 소피치였다.

이렇게 두 사람의 인연이 시작되었다. 모딜리아니는 소피치를 피렌체에서 본 기억이 있었다. 마침 모딜리아니가 읽고 있던 책은《신곡》의 이탈리아판과 외국어판의 일람표였다. 두 사람은 자연스럽게《신곡》을 주제로 이야기를 나누기 시작했고, 잠시 후 소피치가 친구 파피니를 모딜리아니에게 소개했다.《신곡》에 대해 몇 마디 주고받으면서 세 사

카페 플로리안의
내부 모습

람은 금방 이야기가 통한다는 것을 느꼈다.

　그렇잖아도 아는 사람이 없어 외로움을 느꼈던 모딜리아니는 동향 사람인 소피치와 파피니가 마음에 들었다. 그는 늘 들고 다니는, 둘둘 말아놓은 데생용 종이꾸러미를 풀어 종이 한 장을 테이블에 펼쳤다. 그리곤 소피치를 크로키로 그리기 시작했다. 소피치는 매력적이고 이지적인 마스크를 가지고 있었다. 서로가 문학과 예술에 일생을 걸기로 한 것을 확인하고는 세 청년은 금방 의기투합한다. 이날 이후로 세 청년은 수시로 카페 플로리안에서 만나곤 했다. 어떤 때는 거의 하루 종일 플로리안에 죽치고 앉아 관심사와 미래에 대한 이야기를 주고받았다.

　모딜리아니는 죽는 순간까지 베네치아를 잊지 못했다. 산마르코 광장의 아침 고요를, 카페 플로리안의 에스프레소를, 그리고 고향친구 소피치와 파피니를.

　세 사람 중 가장 먼저 파리로 간 사람은 소피치였다. 파피니는 훗날 이탈리아 최고의 철학자가 되었고,《철학의 황혼》,《종말에 도달한 인간》 등을 발표하며 이름을 날린다.

몽마르트 언덕에서

베네치아는 더할 나위 없이 아름다운 물의 도시! 곤돌라가 일으키는 물살이 포말처럼 일어나는 운하의 도시! 그러나 베네치아는 예술가들의 도시는 아니었다. 내면 깊숙한 곳에 잠들어 있는 화가의 천재적 재능을 흔들어 깨우기에는 자극이 부족했다. 모딜리아니는 화가로 성공하려면 파리로 가야 한다는 것을 알았다. 파리는 인상파 화가들을 비롯해 세계 곳곳에서 모인 화가들로 북적거린다는 얘기를 여러 사람으로부터 들었다.

1906년 여름이었다. 그는 파리에 가면 혹시나 마네, 모네, 피카소 등을 만날 수 있을지도 모른다는 설레는 마음으로 기차를 타고 파리로 향했다. 그리고 눈으로 직접 에펠탑을 보았다. 스물두 살, 빠르지도 늦지도 않은 나이였다.

세계 예술의 수도 파리에서 보면 그는 이탈리아 리보르노 출신의 한낱 촌뜨기에 불과했다. 세계 각국에서 얼마나 많은 화가 지망생들이 청운의 꿈을 품고 파리로 왔겠는가. 파리에는 아는 사람이 아무도 없었다. 그가 파리 생활을 막 시작할 때만 해도 비교적 여유가 있었다. 어머니가 정기적으로 보내주는 생활비에 베네치아에서 초상화를 그려 모아둔 돈이 있었다. 당장은 돈을 벌지 않아도 되었다. 파리 물정을 모르는 그는 루아얄 거리에 있는 호텔에 숙소를 정했다.

이탈리아 출신 무명화가는 주로 갤러리가 몰려 있는 화랑가를 기웃거렸다. 그 중 라피트 거리의 클로비스 사고의 화랑이 관심을 끌었다.

주로 판화를 거래하는 화상(畵商)인 사고는 과거 약방이던 곳에 화랑을 열었다. 무슨 사연인지 약방 주인은 약장을 고스란히 둔 채 야반도주했는데, 사고는 가게를 빌리면서 감기약부터 독약까지 온갖 약품을 덤으로 인수했다. 사고는 이 약으로 친분 있는 가난한 화가들에게 곧잘 무면허 불법처방을 하곤 했다.

당시 파블로 피카소는 몽마르트 언덕 라비앙 거리 13번지에 있는 낡은 건물에 방 하나를 빌려 화실 겸 숙소로 사용하고 있었다. 이 건물에는 피카소 말고도 가난한 화가와 시인들이 세들어 살고 있었다. 이 낡은 건물을 가리켜 시인 막스 자코브는 '바토 라부아르(Bateau lavoir)', 즉 '세탁선(洗濯船)'이라고 명명했다. 건물 생김새가 꼭 센 강을 오가는 세탁선과 닮았다는 점에서 착안했다. 피카소는 '세탁선'의 삐걱거리는

세탁선 전경

문짝에 백묵으로 '시인들의 집합소'라고 썼다.

　피카소는 11월 어느 날 반려견을 데리고 몽마르트 언덕을 산책하고 와서는 지독한 독감에 걸렸다. 난방도 제대로 안 되는 방에서 이불을 뒤집어 쓴 채 끙끙 앓고 있었다. 클로비스 사고는 화가들의 작업실이 있는 세탁선을 제 집처럼 드나들었다. 어느 날 세탁선에서 독감으로 고생하는 피카소를 발견하고는 당장 자신의 화랑으로 돌아와 감기약을 제조해 피카소의 감기를 낫게 했다.

　세탁선은 세계 미술사에서 중요한 위치를 차지한다. 피카소는 세탁선의 아틀리에에서 1907년 저 유명한 〈아비뇽의 포수〉를 완성했다. 또한 이곳은 입체파(큐비즘)가 태동한 곳이다. '세탁선'에는 피카소와 함께 입체파를 이끈 블라맹크, 브라크 등이 자주 드나들었다.

　몽마르트의 역사와 정신이 농축되어 있는 공간 세탁선으로 가보자.

몽마르트 계단길

라비앙 거리 13번지는 현재 '에밀 구도' 광장 13번지로 바뀌었다. 지하철 12호선 아베세 역으로 간다. 아베세 역은 건축가 엑토르 기마르의 아르누보 역사(驛舍) 출입구 장식으로 유명하다. 역사 밖으로 나오면 아담한 아베세 광장이 있다. 몽마르트는 지명의 몽(mont)에서 유추할 수 있는 것처럼 고지대에 있어 좁고 가파른 언덕길이 수두룩하다. 군데군데 경사가 심한 계단들이 숨어 있다. 어떤 길을 택하든 힘들다. 그렇다고 택시나 버스로 이동한다면 그건 몽마르트를 제대로 체험하는 방법이 아니다.

아베세 광장에서 왼쪽으로 길을 잡는다. 언덕길인 '제르망 필롱' 길을 따라 트레킹 하는 기분으로 걷는다. 숨이 가빠질 때가 되면 가로로 난 길과 만난다. 다시 더 가파르고 좁은 길을 따라 곧장 올라간다. 몽마르트의 삶은 경사면을 따라 진행되어 왔음을 확인하는 과정이다. 숨이 차다 못해 등에 땀이 날 정도가 되면 짧은 계단과 짙은 녹음이 드리워진 광장이 보인다.

계단을 올라가 우선 나무 벤치에 앉아 땀을 식힌다. 아담하고 소박한, 그러나 비탈진 광장이다. 광장 주변을 찬찬히 살펴본다. 나무 벤치는 5개, 마로니에 나무는 15그루, 한가운데 먹는 샘물이 하나. 거칠게 잘려진 화강암이 포석으로 깔려 있다. 마로니에 나무들은 광장에 녹음을 한가득 선사한다. 나무 몇 그루는 아름드리 굵기로 미뤄 수령이 100년은 더 되어 보인다. '세탁선' 왼쪽에는 별 세 개가 반짝거리는 작은 호텔

에밀 구도 광장

이 붙어 있다. 방금 올라온 계단 바로 아래에는 카페가 영업 중이다. 여남은 사람이 음료를 마시며 뙤약볕의 언덕길을 관조하고 있다. 광장 위쪽으로 약국이 하나 있었는데, 약국 상호를 보니 피식 웃음이 나온다. '세탁선' 약국이다.

한적한 에밀 구도 광장에 사람들이 끝없이 나타난다. 혼자나 두 명, 혹은 대여섯 명이 계속 광장 위쪽에서 등장한다. 이들은 광장의 그늘 속으로 들어와서는 한 건물 앞에 멈춰 서더니 유리 진열장이 있는 건물 앞에서 한참을 기웃거린다. 고개를 숙여 진열장 안을 들여다보기도 하고 외관을 카메라에 담기도 한다. 이들의 움직임은 경건하기 이를 데 없다. 꼭 성지순례를 하는 사람들 같다.

세탁선에서 숙식했던
예술가들 이름

그 건물이 바로 '바토 라부아르', 즉 '세탁선'이다. 이들은 몽마르트를 공부하고 온 사람들이다. 진열장 안에는 목조 건물 시절의 세탁선 사진, 평면도 등이 전시되어 있다. 〈아비뇽의 포수〉가 탄생했다는 사실을 제목으로 크게 표기했다. 그리고 이곳에서 숙식하며 작품 활동을 했던 화가와 시인들의 이름이 열거되어 있다. 이름을 읽어 내려간다. 피카소, 모딜리아니, 반 동겐, 후앙 그리, 막스 자코브, 앙드레 살몽, 기욤 아폴리네르 등.

목조 건물이던 세탁선은 1970년 화재로 소실되어 1978년 현재와 같은 시멘트 건물로 복원되었다. 건축 재료는 바뀌었지만 형태는 목조 건물 시절의 세탁선과 똑같다. 몽마르트의 전통을 이어받아 현재도 가난한 외국 화가들의 아틀리에 겸 숙소로 쓰인다.

모든 건물에는 장소성이 존재한다. 만일 세탁선을 다른 곳으로 옮겨놓는다면 그건 더 이상 세탁선이 아니다. 세탁선은 비스듬한 에밀 구도 광장에 있을 때만이 세탁선이 된다. 21세기의 예술가들은 이곳에 머물며 19~20세기를 살았던 선배 예술가들의 정신과 체취를 호흡하며 자신만의 예술세계를 살찌우고 있을 것이다. 다시 몽마르트에 온다면 세탁선과 맞붙어 있는 별 세 개짜리 호텔에서 단 하룻밤이라도 지내겠노라고 다짐했다.

피카소와의 만남

모딜리아니는 수개월 동안 파리의 화랑가를 기웃거리며 탐색과 모색을 계속했다. 무슨 그림을 어떻게 그려야 할지 방향을 잡지 못했다. 도대체 무슨 그림을 그려야 한단 말인가. 이 기간 중 그는 수많은 화가들의 그림을 보았다. 그 중에서 모딜리아니에게 가장 큰 충격을 준 그림은 피카소의 〈까마귀〉였다.

모딜리아니는 어느 날 오스망 대로 옆 골목길의 한 술집에서 와인을 마시고 있었다. 술집 문이 열리면서 한 남자가 들어섰다. 윤기 흐르는 새카만 머리칼에 반짝이는 까만색 눈동자를 가진 다부진 몸집의 키 작은 남자였다. 피카소, 중력처럼 그를 파리로 끌어들인 사람이 아닌가. 그 피카소가 바로 눈앞에 있었다.

모딜리아니가 피카소를 처음 본 것은 파리에 온 지 얼마 되지 않은 가을날이었다. 특별히 갈 곳도, 오라는 곳도 없어 여기저기를 기웃거리며 돌아다닐 때였다. 그는 몽마르트 아래 클리시 광장에 세워진 전쟁 기념비 앞에서 한가롭게 비문을 읽고 있었다. 클리시 광장에는 사람들이 망중한을 즐기고 있었다. 그가 기념비를 보고 있는데, 옆에 있던 두 남자가 방금 전 옆을 스쳐지나간 키 작은 남자를 뒤돌아보면서 뭐라고 말하는 소리가 들렸다. 그 역시 키 작은 남자가 지나가는 것을 보았지만 누군지 알지 못했다. 키 작은 남자는 목수나 배관공이 주로 입는 청색 멜빵바지 작업복에 붉은색 스웨터를 입고 있었고, 커다란 흰 개를 목줄에 매단 채 걷고 있었다. 한 남자가 이렇게 말하는 소리가 들렸다.

"개를 끌고 가는 저 사람이 피카소야."

사진으로 수없이 본 피카소였지만 그는 군중 속에서는 피카소를 알아보지 못했다.

모딜리아니를 만나러 클리시 광장으로 가본다. 지하철 2호선과 13호선이 만나는 '클리시 광장' 역. 역에서 나오자마자 작은 광장이 나온다. 한가운데 기념비가 있었다. 모딜리아니가 피카소와 처음 마주쳤던 그 기념비다. 모딜리아니는 이때만 해도 촌티를 벗지 못하고 있었다. 클리시 광장은 몽마르트 아래에 있었지만 이탈리아 촌뜨기는 몽마르트에 대해서도 아는 게 없었다.

클리시 광장과 기념탑

그런 피카소를 이제 그가 단박에 알아보았다. 심장이 방망이질쳤다. 모딜리아니는 피카소 앞으로 달려가 인사를 했다. "대단히 죄송합니다만, 피카소 씨 아니신지요? 저는 모딜리아니라고 합니다. 아메데오 모딜리아니. 이탈리아 리보르노에서 왔습니다."

피카소가 누군가. 천재 화가다운 도도함과 오만함이 광채처럼 온몸에서 발산되는 사람. 그런 피카소에게 낯선 사람이 아는 체를 하는 건 썩 기분 좋은 일만은 아니었다. 하지만 피카소는 그의 예의 바른 말투, 빛나는 눈빛과 잘생긴 얼굴, 그리고 부르주아 옷차림으로 인해 경계심을 풀었다. 천하의 피카소가 이름 없는 이탈리아 출신 화가와 이야기를 나눈다! 피카소에게 드물게 예외적인 일이었고 모딜리아니에게는 대단한 행운이었다. 피카소는 모딜리아니와 이런저런 얘기를 하다가 그가 호텔에 장기투숙하고 있다는 얘기를 들었다. 피카소는 그에게 호텔을 나와 몽마르트로 오라고 조언한다. 몽마르트 언덕에 오면 여자도, 모델도, 술도, 필요한 모든 게 해결된다고 장담했다.

모딜리아니는 피카소의 조언대로 호텔을 나와 몽마르트 언덕의 산 꼭대기 동네로 이사했다. 가난한 작가와 예술가들이 모였다는 것은 집값이 쌀 뿐만 아니라 간섭과 구속이 없는 자유로운 공간이라는 뜻. 순교자의 언덕이라는 뜻의 몽마르트는 1800년대 초반부터 가난한 작가와 예술가들이 하나 둘 모이기 시작해 200년 동안 예술가들의 터전이었다. 작가 앙드레 바르노가 1925년에 몽마르트 이야기를 《젊은 회화의 요람》이라는 책으로 써냈다.

"옛날 몽마르트 가운데 가

왼쪽부터 모딜리아니, 피카소, 앙드레 살몽. 1916년 장 콕토가 촬영했다.

장 기묘한 장소 중 하나, 마퀴. 이 넓은 공간은 썩어가는 재료, 나무 끝, 낡은 판자, 철사망 등을 전부 다 모아서 만든 오두막집과 판잣집으로 가득 들어차 있다. 여름이 되면 푸른 식물과 먼지투성이 땅 위에 무성하게 자라는 가시나무, 무성한 관목들과 나무들 때문에 잘 보이지 않을 정도였다. 쭉 둘러보면 그곳에는 지금도 빈민가에서 볼 수 있는 넝마주이의 집들이 있었다. 이런 속에서 넝마주이들, 고물상, 직공, 그리고 몇몇 예술가들이 무질서하게 살아가고 있었다."

몽마르트의 모딜리아니는 그림을 그리고 또 그렸다. 하지만 사람들은 그의 그림에 대해서는 거의 관심을 보이지 않았다. 사람들은 작품보다는 화가 개인에 대해 관심이 많았다. 잘생긴데다 귀족적인 풍모와 매너가 사람들의 호감을 샀다. 특히 여자들은 그의 매력적인 외모에 빠져들었다.

이즈음 그는 모델 겸 애인 질베르와 함께 테르트르 광장에 자주 나타나곤 했다. 몽마르트의 화가들은 이 이탈리아 출신 화가를 '모디'라고 부르곤 했다. 모딜리아니는 몽마르트로 올라가는 르픽 가에 작은 아틀리에를 갖고 있었다.

질베르는 약속한 시간에 모딜리아니의 화실을 찾아와 옷을 벗곤 했다. 그는 질베르의 나신에 집중하며 데생을 했다. 그는 모델에게 여러 가지 지시를 하며 스케치북을 크로키로 채워나갔다. 과묵한 성격이었지만 화가

몽마르트의 좁은 골목길. 끝에 보이는 게 사크레 쾨르 성당이다.

는 데생에 몰입하면 나오는 버릇이 있었다. 무당이 접신할 때 중얼거리듯, 혼잣말을 하며 오브제에 몰입하는 습관이었다. 모딜리아니는 모델비로 스케치북 한 장을 찢어 질베르에게 내밀었다. 질베르는 이를 받지 않았다. 모델 역할을 끝낸 질베르는 이번에는 연인이 되기로 한다. 가난한 화가와 사랑을 나눈 질베르는 옷을 입고 나갈 준비를 한다. 모딜리아니는 아틀리에에서 많은 여자와 섹스를 했지만 그 어떤 여자도 아틀리에에서 자고 가게 하지는 않았다.

질베르는 친구 로라에게 몽마르트의 잘생긴 화가에 대해 자랑하곤 했다. 이탈리아 화가가 얼마나 멋지게 생겼고, 그와 나눈 사랑이 얼마나 달콤했는지를 얘기했다. 로라는 잘생긴 화가라는 말에 호기심이 발동했다.

어느 날 오후, 로라는 르픽 거리의 허름한 아틀리에 문을 두드렸다. 모딜리아니는 지난밤의 과음으로 비몽사몽 상태에서 노크 소리에 잠에서 깼다. 겨우 셔츠 하나만을 걸친 채 문을 열어주었다. 그 다음은 모든 게 로라의 계획대로 되었다. 이런 쾌락의 향연은 꼬리에 꼬리를 물었다.

모딜리아니는 밤에는 술에 취해 여기저기를 헤매다 새벽녘에 잠들었고, 오후에는 예기치 않게 들이닥치는 여자들과 섹스에 빠졌다. 그림이 팔린 적도 없었지만 이제는 팔리든 안 팔리든 화랑에 내놓을 그림조차 그리지 못했다. 아니 그림을 그릴 시간이 절대 부족했다. 그는 자신의 재능에 회의하고 절망하면서 점점 더 방탕한 생활에 빠져들었다.

그림을 그려도 팔리지 않는 답답한 현실 속에서 모딜리아니는 마약의 유혹에 쉽게 무너졌다. 당시 파리의 젊은 예술가들 사이에서는 아편, 하시시, 엑스터시 등이 크게 유행하고 있었다. 특히 몽마르트 지역에 사는 사람들이 마약에 취약했다. 아편은 주로 중국인 골동품점에서 암암리에 유통되었다.

파리로 무작정 상경한 그해에 모딜리아니는 피카소를 만났고, 그의 권유대로 몽마르트에 아틀리에를 차렸다. 그러나 그것뿐이었다. 모딜리아니는 더 이상 피카소를 찾아가지 않았다. 몽마르트의 '세탁선'으로 가면 피카소를 만날 수 있다는 것을 알았지만 모딜리아니는 그렇게 하지 않았다. 자격지심 때문이었을까.

아틀리에가 있던 르픽 가로 길을 잡아보기로 하자. 이 길은 도보로 몽마르트에 가려면 반드시 거치는 언덕길이다. 지하철 블랑쉬 역에서 나오자마자 보이는 언덕길이 르픽 가다. 오르막이지만 길 양쪽으로 아기자기한 볼거리가 많아 지루할 틈이 없다.

르픽 가 15번지에 있는 '카페 레되물랭'은 최근 유명세를 탔다. 장 피에르 주네 감독이 연출한 영화 〈아멜리에〉 때문이다. 이 영화에서 깜찍하고 상큼한 여주인공이 이 카페 여종업원으로 나오면서 그러지 않아도 사랑받던 카페에 손님이 더 늘었다. 영화 원제목 〈몽마르트의 아멜리에〉에서 짐작할 수 있듯 르픽 가는 몽마르트에서 빼놓을 수 없다. 카페에 들어서면 〈아멜리에〉의 여주인공 오드리 토투의 사진이 손님들을

르픽 가 전경과 표지판

카페 레되물랭

반긴다. 프랑스 국기를 이용해 만든 메뉴판을 넘기면 맨 위에 있는 '아멜리에' 메뉴가 눈길을 끈다.

　다시 르픽 가를 올라가본다. 모딜리아니의 아틀리에는 어디쯤 있었을까. 어디에도 모딜리아니의 흔적은 없었다. 그런데 뜻밖에 54번지에서 고독한 화가와 조우했다. 빈센트 반 고흐다. 플라크에는 반 고흐가 1886년부터 2년간 이 집에 살았다고 기록되어 있었다. 그러는 사이어느새 르픽 가를 거의 둘러보았다. 하긴 무명 시절 잠깐 머물렀던 아틀리에를 누가 기억이나 할까. 나는 고흐를 만난 것으로 만족하기로 했다.

몽마르트의 단골 술집들

몽마르트에 거처를 마련한 모딜리아니는 어둠이 내리면 테르트르 광장의 카페나 술집에 출몰하곤 했다. 테르트르 광장에 있는 술집 '카트린 아줌마 집'이 단골이었다. 그는 이 술집에 여자와 나타나 술을 마시곤 했다. 여기가 질리면 언덕 중간쯤에 있는 카바레 '라팽 아질'에 들르곤 했다.

술을 좋아한 모딜리아니는 거의 하루도 빠지지 않고 술을 마셨다. 그는 말수가 적어 꼭 필요한 말만 했다. 말수가 적은 사람이 대체로 폭음하는 경우가 많은데 모딜리아니가 그랬다. 그는 몸을 가눌 수 없을 정도로 술을 마셨고, 가끔씩 테르트르 광장에서 행패를 부리는 경우도 있었다.

테르트르 광장으로 가보자. 세탁선에서 15~20분 정도 걸린다. 나는 몽마르트에서 경사가 심하기로 유명한 '고난의 언덕길'을 택하기로 한다. 이 계단을 이용하는 게 지름길이다. 힘겹게 계단길을 걸어 올라가던 중 대단히 진귀한 장면을 목격했다. 몽마르트에서 악명 높은 '10대 집시소녀 패거리'가 어떤 중년 노숙자를 괴롭히고 있었다. 집시소녀들의 악다구니에 가련한 노숙자는 쩔쩔매며 줄행랑을 치고 있었다.

테르트르 광장은 거의 정사각형 형태이며 카페, 레스토랑 등으로 둘러싸여 있다. 한번 빙 둘러보는 데 10분도 걸리지 않는다. 봄, 여름, 가을에는 카페나 레스토랑들이 광장에 천막 식당을 연다. 화가들은 이 광장 주변에 이젤을 세워놓고 그림을 그린다. 여행객을 상대로 즉석 초상화를 그려주는 고전적인 형태부터 가위로 종이를 오려 인물화를 만드는 예술가까지 다양한 종류의 예술이 전시, 판매된다.

테르트르 광장과 주변의 술집들은 생제르망 대로나 오스망 대로와

테르트르 광장 는 분위기가 딴판이다. 같은 파리의 하늘 아래 있지만 어딘가 파리 같지 않은 곳이 테르트르 광장이다. 순교자의 언덕이라는 이름 때문일까, 아니면 예술가들의 해방구여서일까. 자유를 추구하는 예술가들은 몽마르트의 보헤미안 분위기를 사랑했고, 이곳에서 세계 미술의 역사를 새로 창조했다.

나는 유진 카페에 앉아 화이트와인을 시켜놓고 천천히 테르트르 광장을 관찰했다. 지금이나 100년 전이나, 서울이나 파리나 그림을 그려서 먹고 산다는 건 고단한 일. 얼마나 많은 화가들이 이곳 테르트르 광장을 기웃거렸을까. 아무리 그림을 그려도 팔리지 않아 괴로워하며 술과 마약에 탐닉했던 화가들은 또 얼마나 많았을까.

지금 모딜리아니가 테르트르 광장에 나타난다면 아마 기겁할 것이다. 날씨가 화창한 봄, 여름, 가을에 이곳에 오면 발 디딜 틈이 없을 정도다. 유서 깊은 광장을 보고 느낄 겨를이 전혀 없다. 그냥 인파에 떠밀려 다닌다고 해도 전혀 과장이 아니다. 파리에서 단 하루 머무는 깃발 관광객들도 에펠탑과 개선문을 거쳐 필수 코스로 이곳에 들른다.

'카트린 아줌마 집'은 광장 모서리 붉은색 차양막과 간판으로 된 집이다. 지금은 식사만 가능하다. 벽면에 '비스트로(bistro)'가 1814년 이 집에서 기원했다는 사실을 알리는 작은 플라크가 보인다. 2014년 3월 30일이 비스트로 탄생 200주년이었다. 깃발을 따라다니는 관광객들은 이 역사적인 장소를 소 닭 보듯 무심코 지나간다.

'카트린 아줌마 집'은 1793년에 문을 연 식당이다. 1812년 나폴레옹은 러시아 모스크바로 진격했다가 쿠투조프의 모스크바 소개(疏開) 작전에 말려들어 강추위 속에 패주하고 만다. 일단의 청년 장교 기병들이 퇴각하는 나폴레옹 군대를 추격하며 파리에 진주했다. 파리를 점령한 러시아 군인들 중에서 특히 코사크 기병들은 몽마르트를 좋아했다. 코사크 기병들의 단골 식당이 바로 '카트린 아줌마 집'이었다. 성정이 불같고 거칠었던 코사크들은 주문한 음식이 빨리 나오지 않으면 참지 못했다. 식탁을 부술 듯 내려치며 "비스트로(Bistro)"를 외치고 낄낄거

카트린 아줌마 집과 플라크

렸다. 종업원이 무슨 말인지 알아듣지 못해 쩔쩔매면 그럴수록 재미있다는 듯 낄낄거리며 또다시 식탁을 내리쳤다. "비스트로!"

'비스트로'는 러시아어로 '빨리'라는 뜻이다. 그래서 풀코스 식사가 제공되는 레스토랑과 달리 단품 식사를 빨리 만들어 내놓는 식당을 '비스트로'라고 부르게 되었다.

몽마르트에서 모딜리아니의 또 다른 흔적을 느낄 수 있는 곳은 '라팽 아질(Au Lapin Agile)'이다. '발 빠른 토끼'라는 뜻의 '라팽 아질'은 작가와 예술가들이 자주 모임을 갖던 나이트클럽이다. 가난한 예술가들이 술이 고프거나 외로울 때 고향집처럼 편안하게 언제든 드나들 수 있는 술집이었다.

모딜리아니는 이즈음 라팽 아질에서 시인 막스 자코브를 자주 만나곤 했다. 자코브는 시인이면서 화가로 피카소를 비롯한 당대의 예술가들과 친밀한 관계를 유지했다. 모딜리아니가 자코브와 마음이 통한 데에는 유대인이라는 공통점도 작용했다.

자코브는 모딜리아니에게 몽마르트를 떠나 몽파르나스로 가라고 권유한다. 자코브는 모딜리아니의 장단점을 정확히 읽었다. 그는 피카소, 세잔, 쇠라의 장단점을 비교하면서 초상화에 재능이 있는 모딜리아니가 몽파르나스로 가야만 하는 이유를 설명했다. 모딜리아니도 그 말을 알아들었다. 지금처럼 몽마르트에 계속 남아 있어서는 자신만의 그림을 그릴 수 없다는 사실을.

몽파르나스로 이사하기 전날 모딜리아니는 작별인사를 하러 라팽 아질을 찾았다. 길 떠나기 전 한잔이라 했던가. 모딜리아니는 부르주아풍의 비로드 옷을 입고 라팽 아질로 들어섰다. 비로드 옷은 작업복이자 사교복이었다. 이날 모딜리아니는 운 좋게 그림 두 장을 팔아 호주머니에 150프랑이 들어 있었다.

모딜리아니가 술을 마시고 있
는데 안면이 있는 기자가 들어왔
다. 기자는 모딜리아니에게 신문
에 호평 기사가 실렸다는 사실을
알려주었다. 필자는 시인 겸 평론
가 앙드레 살몽이었다. 몽마르트
를 떠나기 직전 들른 라팽 아질에
서 모딜리아니는 자신이 처음으
로 화가로 인정받았음을 알았다.
살몽은 이때부터 모딜리아니의 친
구가 되어 죽을 때까지 교유했다.
살몽은 훗날《모딜리아니, 열정의
보엠》이라는 제목의 모딜리아니
평전을 쓰기도 했다.

나이트클럽
라팽 아질과 간판

　이제는 라팽 아질로 가볼 차례
다. '카트린 아줌마 집'을 등뒤로 하고 '노르뱅' 골목길로 내
려간다. 20~30미터 가면 오른편으로 가파른 내리막길이
보인다. '데 솔레' 길이다. 몽마르트에서 볼거리가 많은 길
중 하나다. 데 솔레 길로 접어들자마자 두 사람이 겨우 교
행할 수 있는 실골목이 보인다. 몽마르트에서 가장 오래된
'생뤼스티크' 골목길이다. 이 골목길에서 보이는 사크레 쾨
르 성당은 그림엽서나 사진에 곧잘 등장한다. 데 솔레 길이 아무리 재
미있다고 해도 한눈을 팔지는 말자. 왜냐하면 이 좁은 길에 놀랍게도
버스가 다닌다. 골목길을 곡예하듯 운전하는 것을 보노라면 회전하면
서 보행자를 칠 것만 같아 아슬아슬하다.

데 솔레 길을 내려가다 보면 오른편에 작은 포도밭이 있다. 매년 10월 두 번째 토요일에 포도를 수확하는 몽마르트 포도밭이다. 비록 양은 얼마 되지 않지만 이날 수확한 포도로 와인을 제조한다. 이날을 기점으로 몽마르트는 가을 축제의 낭만 속으로 접어든다. 한 뙈기에 불과하지만 이 공간에 집을 짓지 않고 포도를 재배해 세상에 오직 하나뿐인 몽마르트 와인을 제조해 내는 프랑스인의 지혜에 경탄하게 된다.

라팽 아질은 바로 이 포도밭을 마주 보고 있다. 주소로는 데 솔레 길 22번지다. 라팽 아질은 모딜리아니가 다녔던 그대로 같은 장소에 자리하고 있었다. 토끼 그림도 그대로다. 세월에 빛바래긴 했지만, 꼭 동화 속에 등장하는 집 같다. 삐거덕 하는 소리와 함께 백설공주가 문을 열고 나올 것만 같다. 낮이라 문은 닫혀 있었다. 문 앞에 걸려 있는 프로그램을 살펴보았다. 프로그램도 아주 조금씩만 변화를 주었을 뿐 100년 전과 거의 비슷했다.

데 솔레 길

몽파르나스에서 만난 사람들

몽파르나스는 새로운 예술사조가 서로 자극을 주고받으며 꿈틀거리는 공간이었다. 전위예술을 추종하는 젊은 작가와 미술가들이 몽마르트에서 몽파르나스로 옮겨왔다. 몽파르나스의 전위예술가들은 아프리카 회화와 오세아니아 회화에 관심이 많았다.

몽파르나스에서 작가와 예술가들의 아지트는 카페 로통드와 카페 돔이었다. 두 카페는 라스파이 대로와 몽파르나스 대로가 교차하는 지점에 있다. 두 곳 중에서 모딜리아니의 단골집은 로통드였다. 로통드에는 작가와 예술가 외에도 별의별 직업군이 찾아와 코스모폴리탄 분위기를 발산했다. 예술가들에게 모델이 되지 못하는 사람은 없다. 모딜리아니는 돔과 로통드를 들락거리다 기분이 좋아지면 하늘색 표지의 커다란 데생첩을 펼친 채 다양한 사람들을 데생했다. 중얼거리며 미친 듯 데생하는 그를 구경꾼들이 빙 둘러싼 채 신기해 했다.

언제나 그렇듯 예술가들은 다른 예술가와의 만남을 통해 전환점을 맞는다. 입체파 화가 블라맹크가 모딜리아니를 처음 만난 곳이 바로 로통드 카페였다. 블라맹크는 모딜리아니의 순수함에 빠져들고 만다. 블라맹크는 목탄을 잡자마자 단숨에 데생을 완성하는 모딜리아니의 천부적 능력에 감탄한다. 화가 오르티스 데 사라테는 몽파르나스에서 모딜리아니와 마음을 나누는 친구가 되었다. 사라테는 술을 마시지 않았지만 마약 하시시 상습 복용자였다. 사라테의 그림 역시 가뭄에 콩 나듯 팔리고 있었다.

몽파르나스에서도 모딜리아니는 크게 변하지 않았다. 부랑자 같은 생활이 체질화되었고, 예술가는 마땅히 그래야 한다고 생각했다. 누추하고 남루한 집에서 잠을 자고 싸구려 식당에서 끼니를 해결했다. 깨어 있을 때는 술이나 마약에 취해 지냈다. 술집이나 거리에서 행패를 부려

카페 로통드

경찰서로 끌려간 적도 한두 번이 아니었다.

　이런 방탕한 생활을 하던 모딜리아니에게 '포르루아얄' 거리의 몰레 하숙집을 소개한 사람은 조각가 콘스탄틴 브랑쿠시였다. 브랑쿠시는 입체파 조각가로 그의 대표작 〈키스〉는 로댕에 영감을 주었다. 몰레 하숙집에서 모딜리아니는 파리 생활을 시작한 이래 가장 평화로운 시간을 보냈다.

　브랑쿠시는 모딜리아니를 조각의 세계로 인도했다. 모딜리아니는 1909년 조각의 매력에 빠지기 시작했다. 조각을 하려면 질 좋은 돌이 필요하고 돌을 구하려면 돈이 있어야 한다. 데생첩을 사는 것과는 차원이 달랐다. 돈 한푼 없는 가난뱅이 화가가 어떻게 좋은 돌을 구입할 수 있겠는가. 그는 '기발한' 생각을 해낸다. 야밤에 석재 야적장에 잠입해 돌을 훔치기로 했다. 돌을 훔치는 게 무슨 큰 죄가 될까 생각했다. 화강암과 석회석이 절도 대상이었다. 만에 하나 경찰에 발각되기라도 한다면 "화가 모딜리아니 석재 절도로 체포되다"라는 제목의 기사가 신문을 장식하게 될 것이다. 화가에서 하루아침에 절도범으로 추락한다. 그럼에도 그는 여러 차례 한밤중의 검은 고양이가 되어 야적장 돌을 훔쳤다.

　어느 날 밤, 모딜리아니는 석재 야적장에 침입해 어슬렁거리다가 적

위 **콘스탄틴 브랑쿠시**
아래 **브랑쿠시의 〈키스〉**

당한 돌을 발견했다. 무거운 돌을 들고 끙끙거리며 야적장을 빠져나가기 시작했다. 가뜩이나 영양 부족으로 기력이 딸리는 모딜리아니가 무거운 돌까지 들었으니 그 모습이 어땠을까. 그는 안타까울 정도로 비틀거렸다. 그 순간 어둠 속에서 검은 그림자가 나타났다. 그림자는 모딜리아니를 향해 뚜벅뚜벅 걸어왔다. 경찰이면 모든 게 끝난다. 천만다행으로, 낯선 남자는 경찰이 아니었다. 불안하게 뭔가를 나르는 실루엣의 정체를 궁금해 하는 노숙자였다. 노숙자는 모딜리아니가 조각가라는 사실을 알고는 돌을 아틀리에까지 나르는 것을 도와준다.

모딜리아니는 1911년 첫 조각 전시회를 열었다. 이 전시회에서 첫선을 보인 두상 작품을 보면 목과 콧날이 눈에 띄게 길다. 이런 두상들은 마치 1910년대 중후반에 등장하는 긴 목과 콧날이 긴 초상화, 모딜리아니를 대표하는 인물화 탄생의 예광탄 같다는 느낌을 준다. 마치 조각을 보고 그림을 그린 것처럼. 자신만의 그림을 찾지 못해 방황하고 좌절했던 그가 돌을 만지면서 그 길을 발견했던 것이 아닐까.

몽파르나스 시절 모딜리아니를 기억하는 사람 중에는 일본인 화가 후지타가 있다. 후지타는 화가 샤임 수틴과 함께 '시테 팔기에르' 14번지에 아틀리에를 갖고 있었다. 모딜리아니와 수틴은 첫 만남에서부터 의기투합한다. 수틴은 〈가죽을 벗긴 소〉로 이름을 얻었다. 모딜리아니 역시 이 집에 아틀리에를 두고 있었다. 후지타는 조각과 데생에 열중하던 모딜리아니를 생생히 기억했다. 후지타는 앙드레 살몽에게 그 시절의 모딜리아니를 이렇게 증언했다.

"모딜리아니는 언제나, 직공처럼 체크셔츠에 비로드 옷을 입고 붉은 혁대를 차고 있었지. 부풀어오른 머리는 언제나 뒤죽박죽이었고, 술을 꽤 마셨는데 항상 술값이 없었어. 식사 초대를 받으면 감사 표시로 연필로 초상을 그려서 주곤 했다네. 얼굴을 심하게 찡그리고 언제나 '말

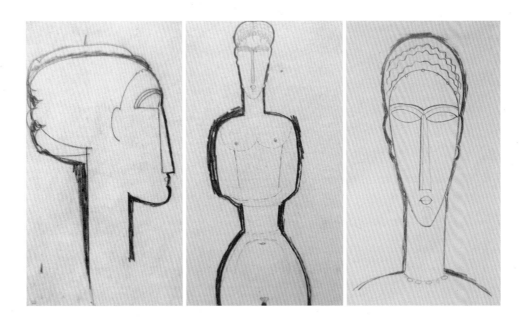

도 안돼' 하고 말했지. 그는 나를 참 좋아했어. 둘 다 시인들을 좋아했
는데 모딜리아니가 나를 찾아와서는 막 잡지에서 읽은 타고르의 시를
낭독하곤 했지. 그때는 내가 아직 시테 팔기에르로 오기 조금 전이었
어. 우리가 나란히 살게 된 후, 그는 내 아틀리에로 찾아와서 극동의 예
술에 대한 이야기를 꺼내곤 했지. 그래, 중국이나 일본의 예술가들에
대해서였어. 그 무렵 다른 사람들이 흥미를 가지고 있던 흑인에 대해서
가 아니었지."(《모딜리아니, 열정의 보엠》)

　몽파르나스에서 모딜리아니는 화가보다는 괴짜로 취급되었다. 술
에 만취해 주사를 부리기도 했고, 때로는 분노를 조절하지 못해 자기
가 그린 데생을 갈기갈기 찢어버리기도 했고, 하시시를 복용하고는 광
인처럼 해롱거리기도 했다. 수틴, 후지타, 모이즈 키슬링 등 소수의 예
술가들만이 모딜리아니의 재능을 알아보았을 뿐이었다. 이들은 모딜
리아니가 절제를 못해 재능을 낭비하고 있다며 안타까워했다.

여기서 잠깐 샤임 수틴에 대해 언급하고 지나갈 필요가 있다. 리투아니아 출신인 수틴은 재능도 특출했고 행동도 기인에 가까웠다. 수틴은 파리로 온 이래 목욕을 단 한 번도 하지 않았다. 목욕탕에 가기 싫어했을 뿐만 아니라 손톱과 발톱도 깎지 않았다. 시야를 가리는 머리칼만 겨우 가위로 툭툭 자를 뿐이었다. 누가 봐도 비참한 몰골이었지만 수틴은 비참을 비참으로 받아들이지 않았다. 파리의 하늘 아래 살

〈테이블 옆의 샤임 수틴〉, 1917, 캔버스에 유채, 워싱턴 국립미술관

수만 있다면 비참함은 아무래도 상관없었다. 그 시절 파리로 몰려든 세계의 예술가들은 파리에서 숨을 쉴 수 있는 것만으로도 축복이라고 여겼다. 언제나 따뜻한 물로 목욕하기를 좋아했던 모딜리아니와는 모든 게 정반대였다. 수틴의 모습은 마오쩌둥을 반추하게 한다. 마오쩌둥은 목욕을 거의 하지 않았고 이도 잘 닦지 않은 사람이다. 심지어 섹스를 할 때도 중요한 곳을 씻지 않았다. 모딜리아니는 수틴의 초상화를 두 점이나 그렸다.

어느 날 밤, 카페 로통드에 뜻밖에도 피카소가 모습을 드러냈다. 피카소는 로통드에 자주 나타나는 사람이 아니었다. 그 무렵 피카소의 그림은 한 장에 1만 1,000프랑에 팔렸다. 피카소는 술을 마시는 모딜리아니를 발견했다. 그는 화가였던 부친이 자신에게 데생에 완전히 숙달

되고 나서야 원하는 그림을 그리도록 했다는 일화를 들려주었다.

로통드는 모딜리아니 순례에서 반드시 들러야 하는 역사적 장소다. 뒤에도 더 나오겠지만 몽파르나스에서 로통드를 빼놓고는 모딜리아니에 대한 설명이 되지 않는다. 로통드는 현재 레스토랑이다. 정문으로 들어서면 벽면을 전부 붉은색으로 장식했다. 모든 공간마다 모딜리아니의 대표작 복제품들을 걸어두었다. 누가 봐도 이 장소가 모딜리아니와 불가분의 관계임을 방증한다. 바로 이런 전통과 역사로 인해 로통드는 기품 있는 파리지엥들이 단골이다.

모딜리아니가 그렇게 몽파르나스에서의 생활에 익숙해질 즈음, 1차 세계대전이 터졌다. 몽마르트와 몽파르나스에도 전쟁의 파고(波高)가 밀려왔다. 가장 먼저 몽파르나스를 떠난 이들은 독일인이었다. 독일은 오스트리아, 헝가리, 불가리아, 오스만제국 등과 함께 동맹을 맺었다. 프랑스는 이탈리아와 동맹이었다. 모딜리아니는 프랑스군에 자원하기로 했다. 그러나 신병검사소의 군의관은 모딜리아니를 검진하고는 병원에 가라고 떠밀었다. 폐결핵이 다시 재발한 것이다.

모딜리아니는 시테 팔기에르를 떠나 작은 조합주택으로 이사했다. 그는 4면에 유리를 붙여 아틀리에를 꾸몄다. 프랑스 조각가 오십 자킨이 모딜리아니의 유리벽 아틀리에를 방문한 적이 있다. 자킨은 앙드레 살몽에게 그때 본 모딜리아니의 모습을 설명했다.

"모딜리아니는 나에게 조각에 대해 설명한다거나 서로 의견을 나눈다거나 하지 않았네. 내가 무엇인가를 지적하면 그는 그저 웃을 뿐이었네만 그 웃음은 꽃병이 산산조각 나서 튀는 듯한 그런 웃음이었지. 낮에는 아틀리에 옆 창고에서 조각을 하고, 밤에는 카페에 나가서 데생을 했다네. 나는 꽤 오래 그가 조각하는 모습을 지켜보았지. 조금씩 계란형의 머리 모습이 얄팍해지더니 예각이 되더군. 코는 마치 칼끝처럼

〈여인의 두상〉, 돌에 조
각, 퐁피두센터 국립근
대미술관, 파리

날카롭고 약간 굽은 듯했고 입술은 두툼했
네. 올리브 열매 같은 눈은 마치 돌에서 튕겨
나가려는 듯 앞으로 튀어나와 있었네."《모딜
리아니, 열정의 보엠》)

　이즈음 모딜리아니는 조각에 대한 열정
이 식어가고 있었다. 가까운 친구들 역시 모
딜리아니의 심리상태를 알아챘다. 데생은 할
만큼 했으니 이제 남은 것은 그림을 그리는
일뿐이었다. 오십 자킨은 모딜리아니를 처음
봤을 때를 이렇게 증언했다.

　"예전에 뢰상부르 철책 옆에서 그를 처음
만났었지. 그때의 아름다운 청년은 이미 흔
적조차 남아 있질 않았네. 급류를 들이삼키
듯 적포도주를 마셔대고 하시시 파이프를 손
에서 놓지 않고, 이미 얼굴에 주름살이 생긴
모습으로 내 눈앞에 있었어. 옛날, 그토록 아
름다웠던 턱에는 덥수룩하게 수염이 자라 있곤 했네. 아름답고 숱이
많은 머리는 이마에 흘러내린 채였고, 다행히도 이마에는 아직 주름살
이 생기지 않았지."《모딜리아니, 열정의 보엠》)

베아트리스와의 사랑

　1914년 가을 어느 날, 런던 출신의 시인 베아트리스 헤이스팅스가
화가 햄릿과 함께 몽파르나스에 나타났다. 베아트리스는 기품 있고 지

적인 여인이었다. 화가 햄릿은 귀여운 외모로 로통드 카페와 돔 카페에서 인기가 있었다.

로통드 카페에서 오십 자킨은 베아트리스를 모딜리아니에게 소개했다. 모딜리아니와 베아트리스는 처음 보는 순간부터 서로에게 빠져들었다. 베아트리스는 모딜리아니 곁을 스쳐간 수많은 여자들과는 달랐다. 베아트리스는 모딜리아니에게 위스키를 한잔 권했다. 두 사람은 몇 마디 주고받지 않았지만 교차하는 눈빛만으로도 이미 깊이 교감하고 있음을 느꼈다. 상황을 금방 파악한 자킨이 자리를 떴다. 첫 만남이었지만 모딜리아니는 베아트리스와 밤을 함께 지내야 한다는 것을 알았다. 그런데 어디로 간단 말인가. 호텔을 가고 싶어도 호텔비가 없었다. 그렇다고 '첫날밤'을 허름한 아틀리에에서 치를 수도 없고. 베아트리스는 망설이는 모딜리아니의 마음을 읽었고, 모딜리아니를 자신의 집으로 이끌었다. 이후 두 사람은 동거에 들어갔다.

앙드레 살몽은 베아트리스의 시적 감수성이 잠자고 있던 모딜리아니의 천재성을 깨어나게 했다고 평전《모딜리아니, 열정의 보엠》에 썼다. "설령 그것이 환영이었다고 할지라도 그녀의 존재를 부정할 수는 없으리라. 모딜리아니가 불멸의 작품으로 자기를 증명하기 시작했던 것은 그녀의 침대에서 빠져나온 다음이었으니까."

모딜리아니는 베아트리스를 진정으로 사랑했다. 진정한 사랑은 사랑하는 사람이 싫어하는 것을 하지 않게 만든다. 모딜리아니는 하시시를 멀리했다. 대신 베아트리스가 좋아하는 위스키를 마시기 시작했다. 일정한 수입이 없었던 베아트리스는 런던 집에서 보내주는 돈으로 생활했고, 모딜리아니 역시 수입이 들쭉날쭉했다. 혼자 살 때는 돈이 없어도 그럭저럭 견딜 수 있었지만 동거를 하자 돈 쓸 데가 많아졌다. 어쩌다 그림을 팔아 생긴 돈은 손가락 사이로 물이 빠져나가듯 사라졌다.

1915년의 모딜리아니.
폴 기욤이 촬영했다.

가난했지만 행복한 시간이 계속되던 어느 날, 화가와 시인 커플은 무도회를 앞두고 '사소한' 일로 다퉜다. 베아트리스는 파티를 앞두고 유행이 지난 검정색 비단 드레스밖에 없자 파티에 가지 않으려 했다. 그는 연인에게 새 드레스를 사줄 돈이 없었다. 궁리 끝에 검정색 비단 드레스에 파스텔로 꽃을 그려넣었고, 드레스는 화려한 꽃무늬 드레스로 변신했다. 베아트리스는 파티의 히로인이 되었다. 파티가 무르익고 있을 때 한 장교가 그녀에게 춤을 신청했다. 모딜리아니는 한동안은 무대를 쳐다보지 않은 채 술만 마셨다. 그러다 플로어에서 춤을 추는 베아트리스를 보았다. 어느 순간 모딜리아니의 얼굴이 분노로 일그러졌다. 파티장 안에서 꾹 참고 있던 모딜리아니는 문밖으로 나오자마자 벼락같은 욕설을 퍼부었다. 공포에 질린 베아트리스는 드레스 자락을 움켜쥐고는 도망쳤다. 모딜리아니는 이미 너무 취해 그녀를 쫓아갈 수도 없을 정도였다. 술만 취하면 감정조절을 못하는 고질병이 도진 것이다.

이날 이후 이웃 사람들은 이탈리아 화가가 술과 약에 취해 영국 시인에게 폭언과 폭력을 일삼는 것을 자주 목격하곤 했다. 베아트리스는 사랑하는 남자가 술과 마약에 쩔어 난폭해지는 것을 참을 수 없었다. 어느 날 베아트리스는 모딜리아니 몰래 짐을 싸서 몽마르트의 친구 집으로 숨어버렸다. 떠나버린 애인을 찾아 몽마르트 골목길을 헤매면서 모딜리아니는 광인의 모습으로 변해 갔다. 1916년, 결국 베아트리스는 결별을 선언했다. 그녀는 영국으로 돌아가며 이렇게 말했다. "그림을 그리세요, 당신은 화가니까."

베아트리스는 시인이었다. 짧은 기간이었지만 살과 혼을 섞으면서 그녀는 모딜리아니를 정확히 파악했다. 짧은 두 문장이 모딜리아니의 예술혼에 불을 지폈다.

모딜리아니와의 사랑이 끝난 뒤 베아트리스는 일기에 이렇게 썼다.

"모딜리아니? 복잡한 사람이다. 진주이면서 동시에 돼지다."

〈베아트리스 헤이스팅스〉, 1916, 캔버스에 유채, 개인 소장

베아트리스는 모딜리아니를 떠나면서 모딜리아니를 영롱한 진주로 만들었다. 오십 자킨은 베아트리스에게 버림받고 난 이후의 모딜리아니를 이렇게 표현했다.

"모딜리아니는 혼자서 그림의 숲 속으로 걸어들어 갔다."

운명의 여인, 잔 에뷔테른

모딜리아니가 얼마나 자기관리에 실패했는지는 그의 사진을 보면 드러난다. 스물두 살 귀족풍의 수려한 미남이었던 그는 파리 생활 8년 만에 눈빛의 생기와 피부의 윤기를 잃고 늙어버렸다. 영국 시인에게 버림받은 화가는 그림에 전념했다. 모딜리아니가 본격적으로 그림에 몰두한 시기는 1915~1920년이었다. 폴란드 출신의 화상 레오폴드 즈보로프스키를 만난 것도 이 즈음이었다. 즈보로프스키는 모딜리아니의 재능을 알아보고 곧 인정받게 될 것으로 확신했다. 전속 화상을 자처한 즈보로프스키는 아예 모딜리아니를 자기 집에서 머물게 했다. 먹고 자는 걱정은 하지 말고 그림만 그리도록 배려했다. 모딜리아니는 매일 평균 15프랑에 작품을 하나씩 양도했다.

〈레오폴드 즈보로프스키〉, 1918, 캔버스에 유채, 개인 소장

즈보로프스키 집에서 머물던 어느 날 모딜리아니가 각혈을 시작했고, 병원 응급실로 실려갔다. 폐결핵은 따뜻한 곳에서 휴양하고 좋은 음식을 먹으며 치료받는 것이 최상의 치료법이다. 즈보로프스키는 모딜리아니를 위해 따뜻한 남쪽 지방인 남프랑스의 휴양도시 칸, 니스, 코트다쥐르 여행을 떠났다. 남프랑스 여행에는 수틴과 후지타도 동행했다.

1917년 3월, 모딜리아니에게 또 다른 여성이 나타났다. 그녀의 이름은 잔 에뷔테른(1898~1920). 잔은 몽파르나스 지역의 쇼미에르 미술학교에서 데생을 배우며 미술대학 입학 준비를 하고 있었다. 잔은 화가인 오빠를 따라 화가의 꿈을 꾸고 있었다. 쇼미에르 미술학교는 '그랑 쇼미에르' 길에 있었는데, 모딜리아니의 아틀리에도 마침 이곳에 있었다.

잔의 눈은 뇌쇄적이다. 한번 보면 결코 잊을 수 없는 눈빛! 윤기 흐르는 머리칼은 허리까지 내려와 치렁거렸다. 잔은 머리칼이 이마를 가리고 있어 '누아 드 코코(코코넛 열매)'라는 별명을 갖고 있었다. 잔은 미술학교에서 친하게 지낸 '아리코 루주(붉은 콩)'로 인해 로통드를 드나들게 되었다.

열일곱 살 때의
잔 에뷔테른

어느 날이었다. 잔은 아리코 루주와 함께 로통드 한쪽에 앉아 차를 마시고 있었고, 다른 쪽에서는 모딜리아니가 사라테, 후지타와 함께 술을 마시고 있었다. 사라테가 모딜리아니에게 밖으로 나가자고 했으나 모딜리아니는 주저했다. 모딜리아니는 후지타가 옆 테이블로 가서 어떤 여자에게 말을 거는 모습을 흥미롭게 지켜보고 있었다. 모딜리아니도 그녀와 말을 나누고 싶었지만 망설였다. 어느 순간 모딜리아니는 그녀의 천진난만한 미소에 심장이 쿵쾅거리는 자신을 느꼈다. 두 사람의 첫만남은 그렇게 끝났다.

다음날, 모딜리아니는 쇼미에르 미술학교가 끝나는 시간에 맞춰 입구에서 잔을 기다렸다. 그러다 문틈으로 데생 수업을 받는 잔을 몰래 훔쳐보기도 했다. 잔은 화장기 없는 얼굴에 옷차림은 검소했지만 금방 눈에 띄었다.

그렇게 여러 날이 흘러갔다. 모딜리아니는 처음으로 욕망이 아닌 사랑으로 가슴이 두근거리는 경험을 맛보았다. 이미 수많은 여자와 섹스를 나눈 모딜리아니였지만 이때만큼은 가슴 속에서 순수한 사랑의 감정이 샘솟았다.

어느 날 미술학교에서 나오는 잔에게 모딜리아니가 다가섰다. 잔은 모딜리아니가 자기 주변에서 맴돌고 있는 것을 진작 알고 있었다. 모딜리아니는 잔에게 사랑을 고백했다. 잔은 가슴이 뛰었다. 태어나서 처음 받아보는 사랑 고백! 그것도 황홀하게 잘생긴 남자가 사랑을 고백해 왔다. 남자도, 인생도 전혀 모르는 잔은 행복하면서도 모든 게 혼란스러웠다. 잔은 자신에게 관심을 보이는 이 화가의 이러저런 떠도는 이야기들을 알고 있었다. 알코올중독자라고 하던데, 마약중독자라고도 하던데, 과연 그런 말들을 어디까지 믿어야 할까. 그러나 모딜리아니와 관련한 갖가지 이상한 소문들은 그의 사랑고백 앞에 맥없이 무너졌다.

잔은 모딜리아니의 청혼을 거부할 수 없었다. 그러나 독실한 가톨릭 신자인 잔의 부모는 두 사람의 결혼을 허락하지 않았다. 딸이 결혼하겠다는 남자가 가난뱅이 화가에 알코올중독자이면서 마약중독자였으니 말이다. 사랑에 눈이 먼 잔이었지만 부모가 반대하는 결혼을 할 수는 없었다. 두 사람은 동거에 들어갔다. 오로지 사랑만 믿고 잔은 모딜리아니에게 인생을 맡겼다.

잔이 베아트리스와 다른 점이 한 가지 있었다. 잔은 나이는 어렸지만 모딜리아니의 발작적 분노를 전혀 두려워하지 않았다. 잔은 천사 같은 평온함으로, 때로는 어머니 같은 모성으로 불같은 성정을 가진 모딜리아니를 감싸 안았다. 모딜리아니는 잔의 무조건적인 존경과 사랑 속에서 그림에 몰입했다.

이 시기에 모딜리아니가 그려낸 작품들을 보면 〈즈보로프스키 부인 초상화〉, 〈수틴의 초상〉, 〈잠자는 여인〉, 〈푸른 제복의 소녀〉, 〈목걸이를 한 여인〉, 〈모자를 쓴 여인〉, 〈푸른 눈의 여인〉, 〈긴 의자 위의 나부〉, 〈부채를 든 여인〉, 〈예술가의 아내〉 등이었다.

잔이 다닌 미술학교는 '그랑 쇼미에르' 길에 있다. 지하철 바뱅 역에서 내리면 금방이지만 나는 뤽상부르 정원 뒤쪽에서 '그랑 쇼미에르' 길을 가기로 했다. 뤽상부르 정원에서 나와 바뱅 길을 걷다가 '노트르담 데샹' 길이 나오면 그 길을 따라 걷는다. 노트르담 데샹 길은 빅토르 위고가 젊은 시절 살았던 거리다. 두 번째 블록에서 오른쪽으로 난 길이 '그랑 쇼미에르' 길이다.

행인이 뜸한 고즈넉한 길을 걷는데, 외벽이 하얗게 칠해진 8번지 아파트에 플라크가 붙어 있는 게 보였다. "이곳에 모딜리아니와 고갱의 아틀리에가 있었다." 깜짝 놀랐다. 그랬다.

그랑 쇼미에르 길

모딜리아니의 아틀리에도 미술학교와 같은 길에 있었다는 것을 나는 깜빡 잊고 있었다.

쇼미에르 미술학교는 14번지 3층집이었다. 붉은 벽돌집은 외관상 허름하기 짝이 없었다. 군데군데 떨어진 칠과 들떠 있는 현관이 미술학교의 역사와 전통을 고스란히 간직하고 있었다. '아카데미 콜로라시'라고도 불린 이 학교는 회화와 조각을 전문적으로 가르치는 미술 아카데미. 현관 옆에 이 학교를 거쳐간 유명 교수들의 이름을 새겨놓았다.

안으로 들어가 보자. 오른쪽에 3단으로 쌓아놓은 커다란 사물함들이 보였다. 때에 찌든 흰색 사물함들은 아주 작은 자물쇠를 배꼽처럼

매달고 있었다. 더 안쪽으로
들어갔다. 시멘트 계단이 나왔
다. 그런데 시멘트 계단 가운
데 부분이 한여름의 전선처럼
축 쳐져 있다. 한 걸음 한 걸음
이 쌓이고 쌓여 그 단단한 시
멘트를 곡선으로 변화시켜 놓
았다.

안쪽에는 원형 공간이 있는
데, 사방을 역시 사물함이 에워
싸고 있었다. 2층과 3층으로 올
라가는 나무 계단이 보였다. 나
는 조심조심 나선형으로 된 나
무 계단을 밟으며 올라갔다. 다
행히 방학 때라 수업중인 교실
은 없었다. 걸음을 옮길 때마다
나무 계단이 삐걱삐걱 소리를 냈다. 삐걱거리는 계단을 밟
는 느낌이 얼마만인가.

강의실들은 매우 작았으며 아무런 실내장식도 없었다.
교사를 중심으로 학생 5~7명이 이젤을 세워놓고 둘러앉으
면 가득 찰 듯한 공간이었다. 쇼미에르 미술학교는 때 묻
고 낡고 닳고 좀이 슬고 있었다. 그런데도 학교 측은 모든 것을 그대로
사용하고 있었다.

위 **쇼미에르 미술 아카
데미**
아래 **쇼미에르 미술 아
카데미의 계단과 복도**

완벽한 뮤즈

　잔은 모딜리아니가 꿈꿔온 완벽한 뮤즈였다. 우리가 기억하는 모딜리아니의 명작들과 '여인' 시리즈가 잔과 함께한 짧은 기간에 탄생했다. 술주정뱅이 혹은 마약쟁이로 불렸던 모딜리아니는 확실히 술을 줄였다. 마약도 거의 손대지 않았다. 사랑의 힘이었다. 잔과 동거한 뒤로 눈에 띄게 달라져버린 모딜리아니를 두고 몽파르나스 사람들은 수런거렸다. 모딜리아니가 구원을 받았다고. 아주 가끔 금단현상을 견딜 수 없을 때 모딜리아니는 로통드에 얼굴을 비치기도 했다. 술이 들어가면

〈잔 에뷔테른〉, 1919, 캔버스에 유채, 개인 소장

또다시 광포해지곤 했다. 그때마다 잔이 로통드에 나타났다. 그러면 모딜리아니는 언제 그랬냐는 듯, 길 잃은 순한 양이 목동을 만난 것처럼 집으로 돌아가곤 했다.

　모딜리아니는 잔이 곁에 없으면 금방 불안증세를 보였고, 더 이상 화실에 있질 못했다. 잔을 찾아 나서거나 아니면 술집으로 향했다. 모딜리아니는 잔이 친정에 가는 것을 두려워했다. 혹시 친정에 갔다가 돌아오지 않을지도 모른다는 두려움 때문이었다. 그렇다고 생활비가 부족한 형편에서 친정에 가지 못하게 할 수도 없었다. 모딜리아니는 잔이 친정을 방문할 때마다 그 근처까지 따라가 너무 오래

있지 말라고 신신당부했다. 이미 모딜리아니는 잔 없이는 단 한순간도 살 수 없는 어린아이가 되어 있었다. 그의 생명 시계는 정지를 향해 째깍째깍 소리를 내고 있었다. 모딜리아니는 살날이 얼마 남지 않았다는 것을 잘 알고 있었다. 그랬기에 자신의 존재 이유인 잔이 잠시라도 곁을 떠나는 것을 견딜 수 없었다.

모딜리아니는 잔의 친정과 가까운 천문대 근처 소공원까지 함께 갔다가, 잔이 친정으로 가는 뒷모습을 물끄러미 지켜보고는 했다. 이런 사정을 알 턱이 없는 사람들에게는 부부가 다정하게 산책을 하는 모습으로 비쳤다. 모딜리아니는 아내가 친정에서 돌아오는 길목에서 기다리곤 했다.

천문대 옆 소공원으로 길을 잡는다. 공원에 모딜리아니와 관련된 무엇이 있을 것으로 기대해서가 아니다. 나는 그곳에서 느끼고 싶었다. 병마에 스러져가는 가난한 천재의 고독을. 인정받고 싶지만 인정받지 못하는 불운한 천재의 절망을.

천문대 옆 소공원

4호선과 6호선이 지나는 '뎅페르 로쉬로' 역에서 내려 '아라고' 대로로 방향을 잡았다. 왼쪽으로 천문대의 지붕이 보였다. 한때 대영제국과 세계의 시간을 지배하기 위해 경쟁했던 프랑스 천문대. 긴 담장이 이어지다가 작은 출입구가 보였다. 천문대 옆 소공원이다. 카페에 들어가 커피 한 잔을 마실 돈이 없던 모딜리아니가 잔을 기다리며 시간을 보냈던 곳.

소공원에는 아이들이 까르르 웃으며 뛰어놀고 있었다. 벤치에서 한가롭게 책을 읽는 사람도 있다. 유모차를 끌고 와 풀밭 위에서 아장아장 노는 아이를 대견하게 바라보는 엄마도 있었다. 병색이 완연한 모딜리아니가 이 공원에서 불안한 모습으로 배회할 때 그의 절박한 눈빛을 알아차린 사람이 과연 한 명이라도 있었을까.

모딜리아니는 누드화 연작을 그리기 시작했다. 1917년 12월, 이 연작들을 모아 '태부' 가 50번지 '베르트 베유' 화랑에서 첫 누드 개인전을 열었다. 화랑 사장인 베유는 행인들의 시선을 사로잡으려 누드 작품 2점을 진열장에 내걸었다. 그런데 이 누드화 2점을 가장 먼저 본 사람이 순찰하던 경찰관이었다. 경찰관들은 미풍양속을 해친다는 이유로 철거 명령을 내렸다. 몽마르트나 몽파르나스에서 온 극소수 동료 화가들을 제외한 나머지 사람들은 모딜리아니의 누드 작품들을 볼 기회조차 사라져버렸다. 저 유명한 〈머리를 푼 채 누워 있는 여인의 누드〉가 이때 전시되었다. 모딜리아니의 역사적인 첫 개인전이자 마지막 개인전은 이렇게

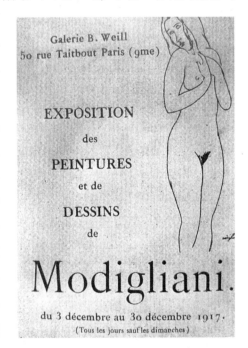

모딜리아니의
첫 누드 개인전 포스터

어이없이 막을 내렸다.

1차 세계대전 중 파리에 독일의 포탄이 떨어지자 모딜리아니는 잔과 함께 남프랑스 니스로 몸을 피한다. 두 사람은 1918년 11월, 그곳에서 딸을 낳았다. 딸 이름은 엄마와 똑같이 잔이라고 지었다. 잔 모딜리아니! 모딜리아니는 파리와 남프랑스를 오가며 지냈다. 아이가 생긴 이후 모딜리아니의 그림 대상이 달라지기 시작했다. 여인의 누드뿐만 아니라 아기, 소년, 소녀가 새로운 모델이 되었다. 전체적으로 그림의 색조가 밝아졌고 오브제가 다양해졌다.

1919년이 되면서 모딜리아니의 건강은 눈에 띄게 나빠졌다. 이런 가운데 기쁜 소식은 모딜리아니의 그림을 호평하는 기사들이 잇따라 나왔다는 사실이다. 그림에 대한 평가는 점점 좋아지고 있었지만 아직 돈으로 연결되지는 않았다. 식료품 살 돈이 없어 제대로 먹지 못하는 일이 잦았다. 폐결핵이 악화되자 점점 그림 그리는 시간이 줄어들었다.

〈머리를 푼 채 누워 있는 여인의 누드〉, 1917, 캔버스에 유채, 오사카 시립근대미술관, 일본

모딜리아니는 바깥 세계와 점점 더 벽을 쌓았다. 집안에는 먹을거리도 없었고 난방도 제대로 하지 못했다. 살림을 하는 잔은 도저히 견딜 수 없자 아이를 데리고 잠시 친정으로 들어갔다. 모딜리아니는 잔이 보고 싶으면 잔의 처갓집을 찾아가곤 했지만 잔을 만나지 못한 채 돌아오곤 했다. 모딜리아니는 여전히 처갓집에서 인정받지 못하는 '사위'였다. 친구 중에서 사라테만이 모딜리아니 집의 문을 두드릴 수 있었다. 그러던 어느 날 일주일 이상 모딜리아니와 연락이 끊어졌다. 사라테는 직감적으로 무슨 일이 벌어졌다는 걸 느꼈다. 사라테는 아틀리에의 문을 부

1918년 병색이 완연한 모습의 모딜리아니

수고 들어갔다. 아니나 다를까. 모딜리아니는 침대에 쓰러져 신음하고 있었다. 사라테는 동료 화가들에게 연락을 취한 다음 의사를 불렀다. 사라테는 정신을 잃고 있는 모딜리아니를 자선병원에 입원시켰다.

잔은 모딜리아니가 입원했다는 소식을 듣고 허겁지겁 병원으로 달려왔다. 모딜리아니의 상태를 본 잔은 자기가 더 이상 손을 쓸 수 없다는 걸 알았다. 몽파르나스 밤거리를 활보하며 소리를 고래고래 지르던 모딜리아니를 더 이상 볼 수 없게 될지도 모른다. 평소에도 말수가 적었던 모딜리아니는 병실에서 거의 말을 하지 않았다. 간간이 고통이 멈추고 정신이 돌아올 때 책을 읽는 게 전부였다. 잔은 남편이 비스듬히 기대어 책을 읽는 모습을 스케치했다.

〈잔 에뷔테른〉, 1918, 캔버스에 유채, 개인 소장. 그림 속 잔은 첫아이를 임신한 상태다.

잇단 비극

1920년 1월, 모딜리아니는 병석에서 깨어 있는 시간보다 잠자는 시간이 더 많아졌다. 1월 24일 밤이었다. 임신 9개월이었던 잔은 마침 친정에 쉬러 가 자리에 없었다. 병상 주위에 사라테, 후지타, 키슬링, 수틴 등이 둘러앉았다. 모딜리아니의 상태가 갑자기 나빠졌다. 화가는 눈이 반쯤 감긴 상태에서 입술을 힘들게 뗐다. 입술을 몇 번 달싹거리며 이승에서의 마지막 말을 토해냈다.

"이탈리아! 그리운 이탈리아여."

전신에 퍼진 죽음이 심장으로 다가오는 순간, 모딜리아니는 리보르노를 떠올렸다. 어찌 고향의 산과 들과 강과 바다를 꿈엔들 잊을 수 있겠는가.

가난, 그리고 세상의 몰이해와 싸워왔던 고독한 천재는 타향에서 1920년 1월 24일 오후 8시 고향을 그리며 눈을 감았다. 36세, 안타까운 요절이었다. 공식 사인은 결핵성 뇌막염. 결핵균이 폐를 갉아먹고 뇌까지 침범했던 것이다.

몽파르나스와 몽마르트에 그의 부음이 전해졌다. 잔이 모딜리아니의 부음을 접하고 달려왔을 때 남편은 시체안치소에 누워 있었다. 9개월 만삭인 아내는 시신이 된 남편을 끌어안았다. 잔은 이승에서 불같은 사랑을 나눈 모딜리아니의 차가운 몸을 으스러지도록 껴안으며 비명 같은 고통스런 울음을 터트렸다. 잔은 모딜리아니의 입술에 입을 맞췄다. 시퍼런 입술에 뜨거운 입술을 대고 한참을 정지한 듯 있었다. 입맞춤을 끝낸 잔은 친구들에게 남편과 둘만 있고 싶다며 자리를 비켜달라고 했다. 친구들은 시체안치소 문틈으로 흘러나오는 오열을 들었다.

얼마나 흘렀을까. 잔이 방에서 나왔다. 그녀는 조금은 차분해져 있었다. 잔은 불룩한 배를 만지며 남편 친구들에게 "남편이 살아 있다"고 말했다. 잔은 아미오 골목길에 있는 친정집으로 갔다. 친정 부모는 남편과 사별하고 돌아온 만삭의 딸을 아무 말 없이 받아주었다. 그날 밤 잔은 아버지에게 말했다. "불쌍한 모딜리아니의 장례식을 치러주세요." 그러나 아버지는 거절했다.

1월 26일 아침이었다. 하늘은 희끄무레했다. 잔은 친정집 6층 아파트의 창문을 열었다. 친정 부모는 딸이 환기를 시키려 창문을 열어놓은 것이라고 생각했다. 창문 아래 골목길에는 사람이 드물게 지나고 있었다.

어느 순간, 골목길에서 사람들의 비명소리가 들렸다. 부모는 딸이 창문 틈으로 뛰어내리는 것을 보지 못했다. 거주자들이 창문으로 고개를 내밀고는 1층 골목길을 내려다보며 비명을 질렀다. 아파트 창문에서 뛰어내린 여성이 피투성이가 된 채 보도와 차도에 걸쳐 엎어져 있었다. 삽시간에 한적한 골목길이 소란스러워졌다.

잔의 부모는 눈앞이 캄캄했다. 경찰이 잔의 부모 집에 들이닥쳤다. 잔의 친구들은 경찰에 불려가 참고인조사를 받았다. 경찰은 조사 결

위 **잔이 몸을 던진 아 파트**
아래 **아미오 길 표지판**

과 남편을 잃고 절망한 상태에서 부모가 남편의 장례식을 거절하자 여자가 투신자살했다는 결론을 내렸다. 뱃속의 아이는 한 번도 울어보지 못한 채 어머니와 함께 저 세상으로 떠났다.

잔이 몸을 던진 비극의 현장은 아미오 길 8번지 아파트다. 아미오 길은 팡테옹 신전 뒤쪽에 있다. 지하철 7호선 '플라스 몽쥐' 역에서 내린다. 아미오 길은 '플라스 몽쥐' 역과 팡테옹 신전의 중간쯤에 있다. 한적하고 좁은 골목길을 몇 번 돌아 아미오 길에 이르렀다. 물론 아미오 길 8번지 아파트에는 플라크도 없고 한적했다.

아미오 길은 격조 있는 고급 주택가다. 아파트들은 너무 깨끗해서 골목길에는 휴지 한 장 찾기조차 힘들었다. 도심 한복판이었지만 마치 교외의 마을처럼 고요했다. 어디선가 피아노 치는 소리가 고즈넉한 골목길에 울려 퍼진다. 길바닥에는 포석이 깔려 있었다. 포석을 만져보았다. 포석들이 다른 곳보다 더 차갑고 단단하게 느껴졌다.

나는 아파트 6층과 포석을 번갈아 보면서 한참을 생각했다. 지금은 아무런 흔적조차 남아 있지 않은 아미오 골목길. 나는 이 비극의 현장에서 잔에게 묻고 싶은 질문이 있었다. '인생은 참고 견뎌내는 것인데 왜 그런 극단적인 선택을 했나요? 뱃속의 아이를 생각해서라도 살아내야 하지 않았나요?' 골목길에선 가느다란 피아노 소리만이 들려왔다. 그때 퍼뜩 그녀의 나이가 생각났다. 잔은 스물두 살이었다.

각국에 흩어진 작품들

모딜리아니는 화가로서 모두 400여 점의 작품을 남겼다. 35년이라는 짧은 생애와 실제 작품 활동을 한 기간에 비춰본다면 작품수가 많다고도 볼 수 있다. 주목해야 할 대목은, 모딜리아니의 작품들은 어떤 사조에도 속하지 않는다는 점이다. 그가 파리에 살았던 시기는 인상파가 한바탕 휩쓸고 간 이후 야수파, 입체파, 미래파, 초현실주의 등 서양 미술사의 굵직한 흐름이 뒤엉켜 분출하던 시기였다. 젊은 화가들은 크게 피카소를 대표하는 입체파 추종자와 마티스를 위시한 야수파 추종자로 양분되어 있었다.

모딜리아니는, 몽마르트와 몽파르나스에서 입체파의 창시자라고 할 수 있는 피카소와도 곧잘 어울렸지만 어느 유파도 따라가지 않았다. 그러면서 그는 지구상 어디에도 존재하지 않는, 자신만의 미술세계를 창조해 낸 것이다. 마치 빈의 구스타브 클림트처럼. "인간의 내면을 들여다본 최초의 화가"라는 평가는 독보적인 그의 미술세계를 설명하는 가장 적확한 표현이다.

작품 400여 점은 대부분 인물화다. 풍경화는 초기에 몇 점 그렸을 뿐이다. 이탈리아 리보르노 시절 미켈리 문하에서 그림 공부를 하던 때 주로 풍경화를 그렸다. 풍경화의 대표작인 〈토스카나 지방의 작은 길〉이 현재 리보르노의 시립미술관에 남아 있다.

지금까지 본 것처럼 모딜리아니는 살아생전에 그림을 팔아 따뜻한 밥을 마음 편히 먹어본 일이 별로 없다. 그에 대한 평가는 모두 사후에 이뤄졌다. 잔이 모딜리아니를 뒤따라가면서 그의 유작들을 관리해 줄 사람도 없었다. 그래서 모딜리아니의 작품들은 세계 각국에 뿔뿔이 흩어져 있다. 영국과 미국은 물론이고 호주, 일본, 스위스, 이스라엘 등에까지 골고루 퍼져 있다. 프랑스에서 활동했던 당대의 화가들은 대부분 파리에 자신의 이름을 딴 미술관이 있다. 피카소가 그렇고 모네가 그렇다. 그러나 모딜리아니 미술관은 없다. 그의 작품을 한꺼번에 감상한다는 것은 불가능하다. 그런 점에서 파리 오랑주리 미술관의 존재

〈토스카나 지방의 작은 길〉, 1898, 캔버스에 유화, 조반니 파토리 시립미술관, 리보르노, 이탈리아

감이 돋보인다. 오랑주리 미술관은 세계에서 모딜리아니의 작품을 가장 많이 소장하고 있는 미술관이다. 그래봐야 초상화 몇 점이지만 말이다.

오랑주리 미술관이 다음 코스다. 지하철 1, 8, 12호선이 만나는 콩코르드 역에서 내리면 금방이다. 튈르리 정원 안에 있는 미술관은 규모면에서 작은 편이다. 오르세 미술관의 10분의 1이나 될까. 오랑주리에는 모딜리아니 외에도 마네, 모네, 마티스, 피카소, 르누아르 등 다양한 화가들의 작품이 몇 점씩 전시되어 있다. 천천히 감상한다고 해도 한나절이면 충분하다. 사람들이 오랑주리 미술관을 찾는 가장 큰 이유는 클로드 모네의 〈수련〉을 보기 위해서다. 미술관 맨 위층은 〈수련〉을 전시하기 위해 특별히 설계된 공간이다. 파노라마처럼 원형 공간 벽면을 채운 〈수련〉은 압권이다. 오랑주리 미술관이 차별성을 갖는 이유다.

오랑주리 미술관에 있는 모딜리아니의 대표작은 화상 폴 기욤을 그

오랑주리 미술관

린 〈폴 기욤의 초상〉(1915)이다. 이 외에도 〈여자〉(1919), 〈견습생〉(1918), 〈안토니아〉(1915) 등이 있다. 모딜리아니는 폴 기욤의 초상을 여러 점 남겼다. 다른 형태의 폴 기욤의 초상화가 미국 톨레도 미술관에도 걸려 있다.

〈폴 기욤의 초상〉을 가까이서 들여다보면 그림 위에 기욤이라는 알파벳이 그려져 있는 것을 확인할 수 있다. 모딜리아니는 생전에 가깝게 지낸 화가, 화상, 작가, 평론가 등의 초상화를 많이 그렸다. 화상 폴 기욤, 레오폴드 즈보로프스키, 화가 샤임 수틴과 키슬링, 시인 겸 평론가 막스 자코브, 작가

장 콕토 등이 모델이 되었다. 화상 즈보로프스키의 부인도 여러 번 그렸다. 모딜리아니는 이들을 그리고 나서 그림 윗부분에 모델의 이름을 기록했다. 일부러 의도한 것은 아니지만 몽파르나스 문화예술계 인사들의 초상화를 남긴 결과가 되었다. 물론 모딜리아니가 가장 많이 모델로 세운 대상은 잔이었다. 잔의 초상화를 30여 점이나 남겼다.

모딜리아니의 그림들을 둘러보면서 아쉬움이 커져만 갔다. 오랑주리 미술관에 모딜리아니의 누드화가 한 점도 없어서였다. 그의 누드화들은 세계 각국의 미술관에 한두 점씩 흩어져 있고, 상당수는 개인 소장이다. 〈누워 있는 나부〉가 세계 경매가 사상 두 번째로 낙찰되었다는 사실을 굳이 언급하지 않더라도 그의 누드화는 '최고'라는 평가를 받는다.

　모딜리아니가 대형 누드화를 본격적으로 그리기 시작한 것은 1917년이다. 즈보로프스키의 제안을 받고 누드화 연작을 그려 1919년 말까지 25~30점을 그렸다. 누드화의 최고 걸작으로 평가받는 작품이 〈머리를 푼 채 누워 있는 여인의 누드〉이다. 현재 오사카 시립 근대미술관에 소장 중이다. 1928년 당시 파리 주재 일본 대사가 폴 기욤으로부터 이 작품을 사들였고 한 수집가를 거쳐 현재 오사카 시 재산이 되었다.

　지구상에 살다간 많은 화가들이 여성의 누드를 그렸고, 지금도 그리고 있다. 그러나 그 어떤 누드화도 〈머리를 푼 채 누워 있는 여인의 누드〉만큼 나를 사로잡은 것은 없다. 여성의 원초적인 아름다움, 여성의 절대미와 숭고미를 이 누드화처럼 보여준 작품을 나는 본 적이 없다.

초라한 묘지

1920년 1월 27일, 모딜리아니의 장례식이 치러졌다. 모딜리아니의 안타까운 사망 소식을 접한 사람들이 조화를 보내거나 장례식에 쓸 꽃을 사라며 돈을 보내왔다. 운구 행렬의 맨 앞에는 이탈리아 로마에서 막 도착한 형 에마누엘이 섰다. 혈육 다음으로 키슬링, 후지타, 수틴, 살몽 등이 섰다. 자선병원을 출발한 영구차는 먼저 몽파르나스로 갔다. 영구차는 고인의 마지막 아틀리에 앞에서 노제(路祭)를 지냈다. 이어 페르 라셰즈 묘지에 묻혔다.

다음날, 잔의 장례식이 치러졌다. 세상에서 자살한 이의 장례식처럼 음울한 장면도 없으리라. 생각해 보면, 주어진 삶의 항해를 다 마치고 배에서 내리는 것은 축복이다. 잔의 친구들과 모딜리아니의 친구들, 잔의 유족들이 조용히 장례식에 나타났다. 영구차에는 잔의 관 옆에 아주 작은 관이 실렸다. 어머니 뱃속에서 어머니와 함께 죽어간 태아였다. 잔은 파리 교외에 있는 바뉴 묘지에 아이와 함께 묻혔다. 장례식이 끝나자마자 잔의 부모와 오빠는 모딜리아니의 친구들에게 목례조차 하지 않은 채 서둘러 묘지를 빠져나갔다.

모딜리아니가 죽자 그의 명성은 솟구쳤다. 기다렸다는 듯 그림 값도 덩달아 뛰었다. 모딜리아니는, 천재는 당대에는 불행하게 살다가 사후에야 인정을 받고 후대를 행복하게 한다는, 그 진부한 공식의 주인공이 되었다.

우리가 모딜리아니와 동일시하는 '여인' 시리즈를 비롯한 대표작들 대부분은 1917년 이후에 탄생했다. 잔은 모딜리아니의 뮤즈였다. 잔이 없었으면, 결핵균이 생명을 파먹던 순간에 모딜리아니가 그런 작품을 쏟아낼 수 없었을 것이다. 잔은 자신의 짧은 생애를 던져 모딜리아니의

모딜리아니 묘지

예술혼을 불태웠다.

1923년 페르 라셰즈의 모딜리아니 묘지의 봉분 뚜껑이 열렸다. 잔의 유해가 3년 만에 남편 곁에 묻혔다. 모딜리아니 유가족의 요청을 잔의 부모가 받아들여 3년 만에 이뤄진 것이다.

여기서 궁금해진다. 그럼 두 사람 사이에 난 15개월 된 갓난아기는 어떻게 되었을까? 하루아침에 고아가 된 잔 모딜리아니. 이탈리아 플로렌스에 사는 모딜리아니의 고모가 천애 고아를 입양했다. 모딜리아니의 고모는 잔 모딜리아니가 성인이 될 때까지 부모에 대해 침묵했다. 성인이 되어 모든 상황을 받아들일 나이가 되었을 때 사실을 털어놓았다. 잔은 이후 아버지의 삶과 예술을 연구하기 시작했다. 마흔 살이 되던 1958년 딸은 아버지의 전기를 세상에 내놓았다. 《모딜리아니 ― 남자와 신화》였다.

마지막으로 페르 라셰즈 공동묘지를 찾아가 보자. 모딜리아니의 안식처는 96구역의 70번 묘지. 에디트 피아프와 살바도르 달리가 영면하는 97번 구역과 길 하나를 사이에 두고 있다. 모딜리아니의 묘를 찾는 건 어렵지 않다. 그러나 모딜리아니의 묘를 발견하는 순간, 마음이 아팠다. 석관은 싸구려 시멘트 덩어리였다. 세월의 눈과 비를 맞으며 여기저기 움푹 패어 있었다. 지독한 가난 속에 죽어간 그의 묘 역시 생전의 불운을 그대로 증명하고 있었다.

모딜리아니 이름 밑에 잔 에뷔테른의 이름도 있다. 1923년에 합장하면서 새겨진 이름이다. 그녀의 이름 앞에 '마드무아젤'이라고 기록되어 있는 게 보였다. 정식 결혼이 아닌 사실혼 상태였기에 '마담'이라고 하지 않은 것이다.

차분히 석관 위를 살펴보았다. 누군가 석관 위에 모딜리아니의 작품을 도화지에 모사(模寫)해 올려놓고는 바람에 날아가지 않게 돌멩이로 눌러놓았다. 어떤 미얀마인이 2009년에 그린 모딜리아니 작품도 한쪽에 있었다. 미얀마인은 미얀마어로 모딜리아니에게 어떤 말을 하고 있었다. 유화용 붓 세 개가 고무줄로 칭칭 묶여 그 옆에 놓여 있다. 담배두 개비와 하이네켄 맥주 뚜껑도 보였다. 생전의 모딜리아니가 골초이면서 알코올중독자였다는 증표였다.

내가 묘에 머무르는 동안 여러 팀의 묘지 순례자들이 오고 갔다. 나는 다른 묘지에 등을 대고 앉아 모딜리아니의 묘지를 바라보았다. 그들은 등 뒤에서 여러 나라 언어로 모딜리아니를 말하고 있었다. 묘지는 가장 초라했지만 96번 구역에서 가장 찾는 이가 많았다. 나는 모딜리아니의 묘를 떠나면서 말수 적었던 그가 남긴 말을 반추했다.

"행복은 우울한 얼굴의 천사다."

로댕,
신의 손
1840~1917

서울에서 만나는 로댕들

서울 반포동 신반포 중학교 뒤편에는 반포 한강공원과 통하는 나들목이 있다. 이 나들목은 길이 250미터쯤 되는 은행나무 산책길과 연결되어 있다. 반포 주민들은 녹음이 우거진 이 은행나무 산책길을 몇 번 왕복하는 것으로 산책을 대신하기도 한다. 높은 담장을 사이에 두고 88올림픽도로와 평행선을 이루는 산책길에는 나무 벤치가 여덟 개 놓여 있다. 그 중 한강공원 나들목과 가까운 곳에 놓인 벤치는 나머지 일곱 개 벤치와 다르다. 등받이가 앞뒤로 움직이게 제작된 특별한 벤치다. 벤치에 앉아 발끝에 힘을 주고 등을 밀면 벤치가 뒤로 조금 젖혀진다. 아주 살짝, 20여 센티미터 정도 뒤로 젖혀졌을 뿐인데도 딱딱한 나무 벤치가 마치 안락한 소파 같은 느낌을 준다.

이 특별한 벤치는 다른 벤치에는 없는 이름이 붙어 있다. 일명 로댕 벤치(Rodin Bench)

로댕 벤치

다. 알파벳은 원형으로 둥글게 표기되어 있고, 그 가운데 로댕의 〈생각하는 사람〉 이미지가 동판으로 새겨져 있다. 그러니까 〈생각하는 사람〉 이미지와 'Rodin Bench'라는 영문 표기는 양쪽 팔걸이와 양쪽 다리 쪽에 모두 6개가 있다. 로댕 벤치라는 이름이 붙은, 조금은 가격이 비싼 벤치를 산책길에 만들고 관리하는 구청 측의 발상이 재미있다. 소박하면서도 아름다운 마음이 전해진다. 나는 이를 '인문 행정'이라 부르고 싶다.

로댕은 이렇게 생각보다 훨씬 더 넓고 깊숙이 우리의 일상에 녹아들어 있다. 만일 서래마을에 사는 프랑스인이 이 산책길을 걷다가 로댕 벤치와 마주쳤다고 생각해 보자. 그는 자국 문화에 대한 자긍과 자부를 느낄 것이다.

중앙대 캠퍼스의
〈생각하는 사람〉

이런 곳은 또 있다. 서울 흑석동에 있는 중앙대학교 캠퍼스에 들어가면 〈생각하는 사람〉 동상이 세워져 있다. 청동상이 세월의 비바람과 조류의 배설물에 풍화된 것으로 미뤄 제작된 지 수십 년은 되었음직하다. 서울 반포의 한 아파트단지 안에도 로댕이 있다. 2000년대 들어 세워진 아파트답게 이곳의 〈생각하는 사람〉은 단순한 복제품이 아니라 새롭게 창조되었다. 금속으로 만든 〈생각하는 사람〉을 세로로 십수 개 절단한 뒤 이를 다시 일정한 간격을 두고 모은 모양새다. 마치 레고블럭으로 만든 것 같다. 가까이

서 보면 〈생각하는 사람〉이 분열되고
해체되는 느낌이다.

조각가 로댕 하면, 대부분은 〈생각
하는 사람〉을 떠올린다. 그러나 그 이
상 아는 사람은 많지 않다. 로댕과 더
불어 연상되는 사람은 로댕의 연인이
었던 카미유 클로델 정도다. 동명(同
名)의 영화로도 만들어져 우리에게 소
개되었기 때문이다. 일반인의 로댕에
대한 관심이 〈생각하는 사람〉에서 딱
멈춘 이유는 어디에 있을까. 아마도
중고교 시절 교과서에서 로댕을 대표
작 〈생각하는 사람〉으로 가르친 결과
가 아닐까. 〈생각하는 사람〉은 로댕
의 광대한 조각 세계로 들어가는 사립
문에 불과한데도 말이다.

반포 아파트단지 안의
〈생각하는 사람〉

로댕은 흔히 '현대 조각의 아버지'로 불린다. 왜 로댕을 '현대 조각의
아버지'로 부를까. 로댕은 조각의 대상을 다른 조각가들처럼 신화적
영웅이나 성경에서 찾지 않았다. 오욕칠정(五慾七情)에 사로잡힌 인간
개인의 존재에 천착했다. 그러니 〈생각하는 사람〉은 영웅적인 그 누구
도 아니다.

로댕은 흔히 미켈란젤로와도 비교된다. 많은 작가와 예술가들은 생
전에 야박한 평가를 받다가 사후에야 재조명되는 경향이 있다. 그런데
로댕은 살아생전에 르네상스 시대의 조각가 미켈란젤로와 비견되는
평가를 받았다. 로댕에게는 많은 찬사가 따르지만 가장 일반적인 것은

현대조각의 문을 연 사람, 즉 '현대 조각의 아버지'다. 그러나 나를 감전시킨 표현은 이게 아니다. '신(神)의 손을 지닌 인간'이다. 로댕은 어떤 천재였을까?

진흙에 매료되다

로댕은 1840년 파리 아르베레트 가 3번지에서 아버지 장 밥티스트 로댕과 어머니 마리 셰퍼 사이에서 둘째로 태어났다. 두 살 위로 누나 마리아가 있었다. 아버지는 경찰서에 근무하는 행정직원으로 살림은 늘 쪼들렸다.

로댕은 열한 살 되던 1851년 삼촌이 운영하던 기숙학교에 입학해 3년을 보낸다. 그는 학과 공부를 힘들어했다. 특히 읽고 쓰는 것을 어려워했다. 1854년에는 응용미술학교의 전신인 '에콜 앙페리알 드 데생(제국미술학교)'에 입학했다. 사람들은 이 학교를 편의상 '작은 학교'라는 뜻인 '프티 에콜(Petite Ecole)'이라고 불렀다.

이 시기 중요한 사건은 도서관에서 장서를 뒤적거리며 시간을 보내던 어느 날 일어났다. 우연히 빼어든 책 한 권을 무심코 넘기다 그는 그만 마음을 빼앗긴다. 그 책은 미켈란젤로의 작품을 엮은 판화집이었다. 미켈란젤로의 작품에 감동을 받은 소년은 예술가의 길을 걷겠다고 결심했다.

'프티 에콜' 시절 그는 처음 진흙 공작을 해보았다. 진흙을 만지면서 소년은 느꼈다. 손과 진흙이 완벽하게 합일이 되는 놀라운 경험을. 이때 어렴풋하지만 조각가가 되기로 다짐한다. 프티 에콜 시절 데생 교사였던 호라스 부아보드랑을 언급하고 넘어가야 한다. 이 데생 교사는 학생들에게 각자의 개성을 계발하려면 자신만의 눈으로 관찰하고 기억으로 그려야 한다는 점을 강조했다. 로댕은 대가(大家)가 되고 난 이후에도 이 데생 교사에 대한 고마움을 표하곤 했다.

응용미술학교는 현재 '에콜 나쇼날 슈페리어르 데자르 데코라티브(ENSAD)'이다. 이 학교는 팡테옹 뒤편에 있다. 팡테옹 뒤편에는 '마리 퀴리' 학교를 비롯해 또다른 명문학교 ENS도 있다.

로댕은 조각을 본격적으로 배우고 싶었다. 그는 1857년 미술아카데미인 '에콜 데 보자르'에 응시했다. 진흙 작품을 제출했지만 낙방했다. 불운은 한 번으로 끝나지 않아 그는 3년 연속 고배를 마셨다. 에콜 데 보자르의 입학시험이 너무 까다로웠기 때문이었을까? 아니면 로댕의 실력이 부족해서였을까? 아니다. 이 학교의 입학 조건이 특별히 까다

응용미술학교

로운 것은 아니었다. 불합격 판정은 학교 측의 중대한 판단 오류였다. 에콜 데 보자르의 입학사정관들은 신고전주의 취향을 가졌던 반면, 로댕은 18세기 조각을 배웠다. 심사위원들은 자신들이 정해놓은 기준에만 매몰되어 로댕의 천재성을 알아보지 못했다. 로댕의 경우를 보면, 주관적인 판단이 개입될 여지가 많은 미대 입시에서 얼마나 많은 판단 착오가 벌어질 개연성이 있는지를 추론할 수 있겠다.

로댕은 에콜 데 보자르 입학을 포기한 채 생활전선에 뛰어들었다. 1862년 비극이 가족을 덮쳤다. 실연한 두 살 위 누나 마리아가 수녀원에 들어간 지 얼마 지나지 않아 복막염에 걸려 그만 숨지고 만다. 누나의 나이 스물다섯이었다. 믿고 따랐던 누나가 죽자 로댕은 절망감과 함께 죄책감에 괴로워했다. 누나가 수녀원에 들어가게 된 게 자기 책임이라고 생각했다. 누나에게 약혼자를 소개해 주지만 않았어도 누나가

수녀원에 들어가지 않았을 것이라며 자책했다.

1863년 그는 조각가의 꿈을 포기하고 제 발로 수도원에 들어갔다. 이 사실로 누나의 죽음이 그에게 어떤 충격을 주었는지를 미뤄 짐작할 수 있다. 그러나 그는 수도원 생활에 적응하지 못하고 몇 개월 만에 속세로 나왔다. 예술가의 길을 포기하고 들어간 수도원에서 역설적으로 그는 자신의 운명이 예술에 있다는 것을 뼈저리게 깨달았다.

에콜 데 보자르로 가보자. 이곳에 가려면 먼저 카페 되마고를 가야 한다. 생제르망 데프레 광장에서 카페 되마고를 바라본다. 울퉁불퉁 포석이 깔려 있는 광장에서 오른쪽으로 곧게 뻗은 좁은 골목길이 보인다. 골목이 시작하는 초입에 카페 보나파르트가 있다. 이 골목길이 보나파르트 길이다. 이 골목길은 좁지만 유서 깊은 곳이다. 마카롱의 원조에 해당하는 '라 뒤레'의 본점도 이곳에 있고, 오귀스트 콩트가 살았던 집도 있다. 보나파르트 골목길은 양쪽으로 한 번씩 걸어보면 구경거리가 많다. 어깨를 맞대고 줄지어 있는 귀금속, 도자기, 금속공예, 유

에콜 데 보자르

에콜 데 보자르 내부

리공예, 벽지 전시장을 구경하는 재미가 쏠쏠하다.

에콜 데 보자르는 이 보나파르트 길 왼편에 다소곳하게 자리잡고 있다. 다소곳하다는 표현을 쓴 것은 출입문이 지나치게 검박해 자칫 지나칠 수도 있기 때문이다. 정문을 통해 안으로 들어갔다. 마당 한가운데 '불꽃을 든 천사' 기둥이 우뚝하다. 이 기둥을 등지고 교사(校舍)를 바라본다. 교사 벽면에 프랑스어로 위대한 예술가들의 이름이 음각되어 있었다. 레오나르도 다빈치, 미켈란젤로, 라파엘로, 브루넬레스키……. 이 학교는 회화, 건축, 조각을 가르치는 국립미술학교다. 언급한 예술가들은 이 분야에서 불멸의 이름을 남긴 이들이다.

교사 안으로 들어섰다. 순간, 나는 로마시대의 어느 건물에 들어선 듯했다. 교사는 직사각형이었고 천장은 유리로 마감되어 있다. 햇살이 교사 마루에 쏟아졌다. 2층 회랑의 난간에는 석고상들이 일정한 간격으로 배치되어 있고, 벽면에는 루벤스, 벨라스케스, 반 다이크, 렘브란트 등의 이름이 붙어 있다. 만일 로마제국 시대가 배경인 영화를 찍는다면 여기서 몇 장면은 충분히 건질 만했다.

직장인 로댕

　수도원 밖의 세속은 나폴레옹 3세의 시대였다. 조각가 지망생 로댕은 시대를 잘 만났다. 로댕이 정치에 관심이 많아 공화정이나 왕정을 지지했다면 불운이 닥쳤을 수도 있다. 그는 예술을 지향했다. 나폴레옹 3세 시대에 대해서는 부정적인 평가가 우세하지만 누구도 부인할 수 없는 업적이 하나 있다. 그것은 나폴레옹 3세가 1853년 파리의 땅 위와 땅 밑을 혁명적으로 정비해 오늘날과 같은 모습을 갖춰놓았다는 사실이다. 나폴레옹 3세로부터 전권을 위임받은 오스망 시장은 개선문을 중심으로 하는 방사형 도시를 설계했다. 이 과정에서 꼬불꼬불한 옛길들이 헐리고 시원하게 쭉쭉 뻗어가는 대로, 즉 불바르(Boulevard)가 탄생했다. 오스망 시장은 하수도를 정비해 그물망 같은 하수도망을 완성했다.

　대로와 대로가 만나는 광장과 교차로, 그리고 정원에는 어김없이 조각 작품들이 세워졌다. 대부분은 위인들의 흉상이었다. 동시에 대로변에 공공 건축물이 속속 세워졌다. 나폴레옹 3세 시절에 건설을 시작한 공공 건축물 중 대표적인 게 파리 가르니에 국립오페라극장이다. 국립오페라극장은 1862년에 첫 삽을 떴지만 1875년에야 겨우 준공된다. 공공 건축물에 건축가 가르니에의 이름을 붙인 첫 번째 사례가 국립오페라극장이다. 외관만으로도 짐작할 수 있듯 고전주의 양식부터 바로크 양식까지 모든 건축 양식이 망라되었다. 내부 인테리어 역시 화려한 회화와 조각 작품들로 채워졌다.

1864년은 로댕에게 의미 깊은 해였다. 고블랭 극장 전면부의 여상주(女像柱, 클래식 건축의 기둥으로 만들어진 여인 입상) 제작에 참여하던 중 스무 살의 재봉사 로즈 뵈레를 만난다. 사랑에 빠진 두 사람은 결혼을 전제로 동거를 시작해 2년 뒤 아들을 얻는다. 로댕이 청동 조각을 처음 만들어본 때도 이즈음이었다. 로댕은 〈코가 부러진 남자〉를 살롱전에 출품했지만 낙선한다(이 작품은 오르세 미술관에서 전시 중이다).

잇따른 공공 건축물 신축으로 장식 및 조각 작품들의 수요가 넘쳤다. 1865년 로댕은 '카리에-벨뢰즈'가 운영하는 조각품 제작회사에 조수로 들어간다. '카리에-벨뢰즈'는 공공 건축물에 들어가는 조각품을 독점적으로 납품하는 회사로 '장식 공장'으로 불렸다. 공장에는 조수로 일하는 사람이 50여 명에 달했다. 얼마 후 로댕은 재능을 인정받아 수석 조수가 된다. 로댕은 수석 조수로서 주로 지붕 장식, 계단실과 현관 장식을 맡았다.

가르니에
국립오페라극장

여기서 우리는 비슷한 시기에 합스부르크 제국의 수도 빈에서 살았던 화가 지망생을 떠올리게 된다. 1860년대에 빈에서도 아주 비슷한 일이 전개되었다. 빈은 호프부르크 왕궁을 포함한 구시가를 감싸고 있는 요새 성벽을 헐어버리고 고속도로처럼 널찍한 대로인 링 슈트라세, 즉 환상(環狀)도로를 건설한다. 이 환상도로변에 합스부르크 제국의 영광을 상징하는 여러 공공 건축물이 들어선다. 1888년 무명 화가 클림트는 환상도로변의 연극 전용 부르크 극장의 천장화로 황금 십자가상을 받으며 스타로 탄생한다.

〈코가 부러진 남자〉
1863-1875

로댕이 운이 좋은 것은 '장식 공장'에서 밥 벌이를 했다는 점이다. 그는 카리에-벨뢰즈 공장에서 장장 20년을 근무했다. 동시에 그는 '장식 공장'에서는 순수 예술조각을 배울 수 없다는 것도 깨달았다. 스스로 조각의 기초를 배울 필요를 느꼈다. 시간이 날 때마다 그는 독학으로 조각 공부를 심화시켰다. 지금도 마찬가지지만 유서 깊은 박물관에서는 예술 관련 강좌를 연다. 로댕은 박물관에서 개설한 드로잉 수업을 들으며 데생을 배웠다.

로댕의 비범함은 이때부터 드러난다. 그는 의과대학 해부학교실에 청강생으로 참관한다. 해부학교실에서 뼈와 살로 이뤄진 인체에 대해 연구하기 시작했다. 인간의 몸을 조각으로 빚어내려면 몸을 이루는 골격과 근육의 구조를 알아야 한다고 그는 확신했다.

미켈란젤로를 마주하다

나폴레옹 3세의 패착(敗着)은 비스마르크의 속임수에 넘어가 프로이센과 전쟁을 벌인 것이다. 1870년 7월부터 1871년 5월까지 치러진 보불(普佛)전쟁 당시 로댕도 징집 대상이 되어 국민방위군에 입대했다. 그러나 로댕은 만성적인 근시에 눈병까지 걸려 1871년 초에 제대했다. 프랑스는 불과 10개월 동안 병력 13만 9,000명을 잃는 대패를 기록하며 알자스로렌 지방을 내주게 된다(알퐁스 도데의 《마지막 수업》은 이때를 배경으로 한다). 프로이센은 전쟁을 통해 통일 독일을 완성한다.

보불전쟁 중 파리가 프로이센군에 포위되면서 '장식 공장'도 개점휴업 상태가 되었다. '카리에-벨뢰즈'는 일감을 찾아 벨기에 브뤼셀로 옮겼다. 가족을 먹여 살려야 했던 로댕도 파리에 있을 이유가 없었다. 그

1864년 로댕의 모습

는 가족과 함께 움직이기가 힘들자 먼저 브뤼셀로 가 나중에 아내를 불러들이기로 한다.

그는 벨기에 사람과 손잡고 공공 조형물과 장식조각을 제작하게 된다. 몇 개월 정도를 예상하고 브뤼셀로 왔지만 뜻하지 않게 장기 체류로 이어졌다. 보불전쟁이 끝난 뒤에도 로댕은 브뤼셀에 남아 일했다. 1875년 로댕은 두 번째로 살롱전에 출품했다. 11년 전에 낙선한 〈코가 부러진 남자〉를 조금 변형해 대리석으로 제작했다. 작품명을 〈B씨의 초상〉으로 바꿨고, 이 작품으로 살롱전에서 입선했다.

서른다섯에 드디어 로댕은 조각가로 데뷔했다. 그러나 초조했다. 30대 중반의 나이지만 여

전히 무명이 아닌가. 이 나이는 21세기 나이로 환산하면 40대 중반에 해당된다. 조각 세계에 뛰어든 지도 12년이 지났지만 뾰족하게 내놓을 만한 게 없었다. 전환점이 필요했다. 브뤼셀에만 갇혀 있어서는 발전이 어렵다고 판단한 로댕은 이탈리아 여행을 생각해 냈다.

1875년 이탈리아로 떠나 2개월 동안 피렌체, 시에나, 로마, 나폴리, 베네치아 등을 여행했다. 미켈란젤로, 도나텔로를 비롯한 르네상스 거장의 활동무대가 피렌체와 시에나였다. 로댕은 브뤼셀에서 결코 느낄 수 없었던 자극을 받고 영감을 충전했다. 로댕은 일기에 이렇게 기록했다. "피렌체에 도착하자마자 바로 미켈란젤로 스케치에 들어갔다. 이 위대한 미술가가 자신의 비밀을 슬슬 털어놓기 시작하는 것 같다."

로댕은 로마를 방문해 산피에트로 대성당에 있는 미켈란젤로의 〈피에타〉와 〈다비드상〉을 두 눈으로 보았다. 책에서 볼 때와는 차원이 달

미켈란젤로의
〈다비드상〉

랐다. 로댕은 진작 이탈리아 여행을 하지 않은 것을 후회했다. 미켈란젤로와 도나텔로는 로댕의 조각에 심대한 영향을 끼쳤다. 로댕은 훗날 이런 말을 했다. "미켈란젤로는 나를 학교 조각으로부터 해방시켰다."

이탈리아 여행에서 브뤼셀로 돌아온 그는 미친 듯 조각에 매달렸다. 영감의 여운이 짙게 남아 있는 상태에서 탄생한 게 〈청동시대〉다. 성인 남자의 실제 크기로 만든 사실주의 작품은 논란을 일으켰다. 사람과 너무 똑같아 일부에서 실제로 인간을 석고로 뜬 게

아니냐고 의문을 제기한 것이다. 로댕은 〈청동시대〉의 석고상을 1877년 1월 브뤼셀에서, 같은 해 5월에는 파리 살롱전에서 전시했다. 브뤼셀에서 전시할 때 〈청동시대〉의 제목은 〈정복당한 자〉였다. 당시는 보불전쟁에서 프랑스가 치욕적인 패배를 당한 직후여서 전장에서 죽어간 군인을 기리는 작품들이 여러 예술 장르에서 자주 등장했다.

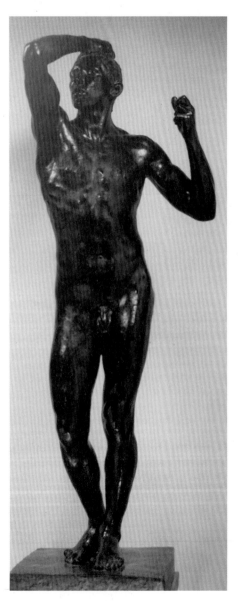

〈청동시대〉, 1877

로댕은 1877년 말, 〈청동시대〉의 파리 살롱전을 계기로 6년간의 브뤼셀 생활을 정리하고 연인 뵈레와 함께 파리로 돌아온다. 로댕은 센 강 부근의 생자크 가에 작은 아파트를 빌려 그 동안 처제가 돌봐주던 아들과 함께 살기 시작했다. 파리 정착 직후 우환이 겹쳐 왔다. 로댕이 결혼하는 것을 간절히 보고 싶어 했던 어머니가 세상을 떠났고, 아버지는 시력을 잃은 데 이어 치매까지 걸렸다. 〈청동시대〉를 둘러싼 논란은 파리에서도 계속되었다. 이 과정에서 그는 언론의 무서운 힘을 실감한다. 기자들은 무슨 일이든 저지를 수 있는 사람이라는 인식이 각인되었다.

1878년 파리에서 만국박람회가 열렸다. 파리 만국박람회는 로댕을 비롯한 예술가들에게는 단비와도 같은 기회였다. 파리 곳곳에 정원과 분수가 만들어졌고, 여기에 들어가는 장식품들의 수요가 많아졌다. 로댕은 트로카데로 분수 장식을 맡게 되었다.

미완성으로 끝난 〈지옥의 문〉

이제 파리 예술계는 로댕을 주목하기 시작했고, 그는 파리 살롱에 초대받게 된다. 마침내 로댕의 성공시대가 열렸다. 이와 함께 로댕은 점점 더 지적 교감을 나누고 위안을 받을 수 있는 여성을 찾아 나섰다. 사실혼 관계인 로즈 뵈레는 조금씩 로댕의 관심에서 멀어졌다.

1880년 로댕은 예술부 차관인 에드몽 투르케를 만나게 된다. 투르케와의 교유로 인해 로댕은 여러 기회를 잡는다. 프랑스 정부는 〈청동시대〉를 구입하기로 결정했고 로댕을 1880년 정부 발주 예술작품의 작가로 선정한다. 정부는 건립 예정인 장식미술관에 설치될 문(門) 제작을 로댕에게 의뢰했다. 로댕은 전용 작업실도 제공받았다. 꿈에 그리던 환경이 주어졌다. 로댕은 전용 작업실에서 갈망해 온 예술적 자유를 만끽했다. 이제는 더 이상 밥벌이를 위해 하기 싫은 장식이나 디자인을 하지 않아도 되었다. 원하는 작품을 마음껏 만들 수 있게 된 것이다. 정부가 발주한 대형 공공 작품이 의뢰되자 민간 부문에서도 크고 작은 작품들을 잇달아 주문해 왔다. 수도원을 뛰쳐나온 지 17년 만이었다.

우리가 로댕의 작업실 중 기억해야 할 곳이 위니베르시테 가 182번지 작업실이다. 이곳은 대리석 적재장이다. 정부 주문 작품을 제작하는 작가들에게 전달할 대리석을 쌓아두는 곳이었다. 거대한 대리석을 들어옮기는 기중기가 있었고, 이를 전문적으로 다루는 인부들이 있었다. 이곳에는 모두 12개의 작업실이 있었다. 로댕은 사적인 편지의 주소를 바로 위니베르시테 가 182번지로 썼다. 그러나 안타깝게도 지금 이곳에는 아무런 흔적이 남아 있지 않았다.

이 작업실에서 진행한 로댕의 작품 중 주목할 것은 〈지옥의 문〉이다. 〈지옥의 문〉은 단테의 《신곡》에서 모티브를 얻었다. 당시 프랑스의 젊

〈지옥의 문〉을 위한
데생 일부

은 예술가들은 주제에서 성경과 신화의 울
타리에서 벗어나려 안간힘을 썼는데, 단테의
《신곡》이 그 대안의 하나였다. 단테는 소포
클레스, 셰익스피어와 함께 유럽 3대 작가로
평가된다.

로댕은 우주를 재창조하고 인간의 모든
감정과 정념을 표현하겠다는 구상으로 〈지
옥의 문〉 제작을 시작했다. 〈지옥의 문〉 제
작에 몰두했던 로댕의 당시 마음을 엿볼 수 있는 편지가 있다.

"나는 단테의 '지옥편'에 나오는 여덟 개의 원을 그리면서 단테하고
만 꼬박 1년을 살았다. 그런데 그해가 저물 무렵 나는 나의 데생이 현
실에서 너무 동떨어져 있다는 사실을 깨달았다. 그래서 처음부터 다시
시작했다. 자연을 기초로, 모델을 써서 작업했다."

로댕은 〈지옥의 문〉을 결국 완성하지는 못했다. 장식미술관은 재정
적인 문제로 당초의 건립 계획이 무산되었고 루브르 박물관에 흡수통
합되었다. 튈르리 정원과 붙어 있는 루브르 박물관이 장식미술관이다.

파리에서 〈지옥의 문〉을 볼 수 있는 곳은 두 군데다. 오르세 미술관
과 로댕 미술관이다. 오르세 미술관은 석고상으로, 로댕 미술관에서는
청동상으로 각각 〈지옥의 문〉을 전시 중이다. 나의 주관적인 판단으로
는 오르세 미술관이 〈지옥의 문〉을 감상하는 데 환경과 조건이 좋다.
오르세 미술관에서 〈지옥의 문〉이 전시된 공간은 상대적으로 사람들
의 발걸음이 뜸한 2층 계단실 옆 구석진 곳이다.

〈지옥의 문〉을 제작하면서 로댕은 선언했다. 인간의 모든 감정과
정념을 표현하겠노라고. 〈지옥의 문〉은 백여 개의 작은 조각들로 이뤄
져 있다. 나는 작은 조각들을 하나씩 하나씩 뜯어보았다. 조각의 주인

공들은 전부 벌거벗은 모습이다. 쾌락의 절정에 있는 인간부터 파멸로 고통스러워하는 인간까지. 그 중에는 아주 작은 형태의 〈생각하는 사람〉도 있다. 인간이 태어나 생을 마칠 때까지, 그 생로병사의 여정에서 겪게 되는 희로애락과 오욕칠정! 희로애락의 한 순간을 표현하는 것도 힘든 일인데, 로댕은 이 모든 과정을 조각으로 구현하고자 했다.

〈지옥의 문〉을 감상하면서, 조각 하나하나에 배어 있는 인간의 감정과 대면하면서 나는 여러 번 몸서리쳤다. 모골이 송연해지는 전율을 느끼곤 했다. 나를 사로잡고 있는 욕망과 감정이 모두 표현되어 있었기 때문이다.

로댕이 아니라면 누가 감히 이런 발상을 할 수 있을 것인가. 〈지옥의 문〉을 구성하는 많은 부분 조각들을

오르세 미술관에 있는
〈지옥의 문〉

감상하다 보니 어느 순간 아득해지는 느낌이 엄습했다. 마치 도스토예프스키의 소설을 읽을 때 맛보았던 그런 느낌과 흡사했다. 로댕은 이 작품에 37년간 매달렸지만 결국 완성하지는 못했다. 미완성이 어찌 보면 당연했다.

〈지옥의 문〉 부분들

뮤즈 카미유 클로델

1884년은, 로댕의 생애에서 잊을 수 없는 시기이다. 마흔네 살의 조각가는 스무 살의 신인 조각가 카미유 클로델을 만난다. 로댕을 기억하는 이들은 로댕을 카미유 클로델과 동일선상에 놓고 판단한다. 특히 여성들 중에는 클로델의 비극적 말로를 떠올리며 로댕을 비난하기도 한다.

클로델은 눈부시게 아름다우면서도 조각가로서 천부적인 재능을 타고난 여성이었다. 클로델은 로댕을 위해 스스로 모델이 되곤 했다. 그러나 그녀는 로댕 앞에서 옷을 벗은 다른 모델들과는 격이 달랐다. 클로델은 로댕의 뮤즈였다. 로댕의 인생과 예술에서 떼려야 뗄 수 없는 카미유 클로델. 두 사람의 관계에 대한 도덕적·윤리적 판단과 상관없이 클로델은 위대한 조각가의 예술에 깊은 흔적을 남겼다.

로댕을 만나기 전부터 클로델은 이미 독립적인 조각가였다. 로댕을 만난 이후 그녀는 위대한 조각가의 조수이자 모델이었으며 동시에 연인으로 발전했다. 5년간 한 작업실에서 일하며 두 사람은 조각가와 모델, 스승과 제자, 연인관계라는 중층적 관계로 엮인다. 결과론적인 이야기지만, 이런 복잡한 로댕과의 관계가 그녀의 운명을 결정했는지도 모른다.

잠시 카미유 클로델의 이야기를 짚고 넘어가자. 카미유는 1864년 프랑스 북부 지방의 농부 집안 출신으로, 어려서부터 돌과 흙을 가지고 노는 시간이 많았다. 또래 아이들이 단순한 놀이 차원에 머물렀던 데 반해 클로델은 비범했다. 돌과 흙을 다루는 데 놀라운 집중력과 남다른 재능을 보였다. 아버지는 농부였지만 딸이 조각에 소질이 있음을 간파했다. 또한 막내아들 폴 클로델 역시 문재(文才)가 있어 아이들의

로댕과 카미유 클로델

장래를 위해 파리로 유학 보내야 한다고 생각했다.

어머니는 삼남매를 데리고 파리로 상경했다. 아버지는 농사일을 하며 처자식의 파리 생활비와 교육비를 부담했다. 일가족이 정착한 곳이 바로 몽파르나스였다. 몽파르나스가 파리 교외에서 파리 시로 편입된 지 얼마 되지 않은 때였다. 집값이 싸다 보니 지방에서 올라온 사람들과 가난한 예술가, 노동자 등이 많이 거주했다.

클로델은 '아카데미 콜라로시'에서 조각가 알프레드 부셰에게 배웠다. 클로델이 '에콜 데 보자르'가 아닌 '아카데미 콜라로시'를 선택한 이유는 에콜 데 보자르가 여성의 입학을 허락하지 않았기 때문이었다. 앞서 언급한 대로 에콜 데 보자르는 로댕을 세 번씩이나 입학시험에서 낙방시킨 곳이다.

부셰는 클로델을 3년간 가르쳤다. 클로델은 학생들 중에서도 발군의 실력을 보여, 1년이 지나자마자 동료와 함께 공방을 빌려 작품을 만들 정도가 되었다. 불과 열여덟 살 나이에. 부셰는 클로델을 차세대 조각가로 보고 멘토 역할을 자임했다. 부셰는 〈책 읽는 카미유 클로델〉이라는 작품을 만들기도 했다. 클로델은 부셰에게 감사의 표시로 그의 흉상을 제작하기도 했다.

아카데미 콜라로시는 이탈리아 출신 조각가 필리포 콜라로시가 1870년에 세운 사립학교다. 여성에게 입학을 허용했을 뿐 아니라 진보적이었다. 정부의 재정 지원을 받아 보수적 성향을 가진 에콜 데 보자르와는 여러 면에서 대조를 이뤘다. 외국 학생들이 아카데미 콜라로시의 문을 두드린 이유다. 이 예술학교는 세계 여러 나라에서 온, 피부와 언어와 민족이 다른 학생들로 다채로웠다. 이 학교 출신으로 이름을 알린 예술가로는 알폰스 무하(체코), 폴 고갱(프랑스), 헨리 무어(미국) 등이 있다.

부세와 클로델. 두 사람의 아름다운 사제관계는 부세가 플로렌스 지방으로 이사를 가면서 끝이 난다. 부세는 파

로댕의 〈보닛을 쓴 카미유 클로델〉, 1884년경

리를 떠나면서 로댕에게 제자들을 돌봐달라고 부탁한다. 이것이 클로델에게 비극적 운명의 씨앗이 될 줄을 누가 짐작이나 했을까.

1884년 로댕은 클로델을 작업실 조수로 받아들였고, 〈칼레의 시민들〉 제작에 참여하게 했다. 얼마 지나지 않아 두 사람은 연인관계로 발전했다. 클로델 나이 스무 살, 로댕 나이 마흔네 살. 사랑 앞에 24년이라는 나이 차이는 아무런 장벽이 되지 않았다. 로댕은 영감을 샘솟게 만드는 클로델에 빠져들었다. 클로델의 얼굴과 육체는 〈사색〉을 비롯한 로댕의 여러 작품에서 다양한 모습으로 변주된다.

두 사람은 밀회를 나눌 비밀 공간이 필요했다. 클로델은 이탈리 가 113번지로 작업실을 옮

카미유 클로델을 모델로
한 작품 〈사색〉, 1886–
1889

겼다. 낡은 18세기 누옥(陋屋)에서
세기적인 작업과 사랑이 뒤엉켜 진
행되었다. 사랑이 깊어지면서 클
로델은 로댕에게 이중생활을 정리
하고 자신을 선택해 달라고 요구
했다. 로댕은 클로델을 원하면서
도 20년을 함께 산 뵈레와 헤어지
는 것을 주저했다. 이런 비밀 연애
는 몇 번의 고비를 넘기며 아슬아
슬하게 4년간 이어졌다.

두 사람의 불륜관계가 알려지
면서 클로델의 어머니는 분노했다.
클로델은 어머니 집에서 쫓겨났지
만 클로델과 로댕의 만남은 지속되
었다. 클로델은 로댕의 아이를 임
신하기도 했으나 낙태를 선택한다. 로댕은 클로델을 사랑했고, 클로델
은 로댕을 사랑했다. 〈영원한 우상〉, 〈키스〉, 〈영원한 봄날〉, 〈사랑의 도
피〉 등은 모두 로댕이 클로델과 사랑을 나누며 영감을 받아 만든 작품
들이다. 만남은 1898년까지 계속되었지만 서서히 애증의 관계로 바뀌어
간다. 여기서 〈영원한 우상〉에 대한 시인 라이너 마리아 릴케의 해설을
음미해 본다.

"여자는 고개를 살짝 숙이고 있다. 너그러움, 자부심, 참을성을 담은
표정으로 여자는 남자를 내려다본다. 남자는 꽃밭에 파묻힌 듯 여자의
가슴에 얼굴을 묻는다. 그 역시 무릎을 꿇고 있지만 여자보다 훨씬 더
밑으로 돌을 파고들었다. 그의 손은 쓸모없는 공허한 물건처럼 뒤로

뻗어 있다. (……) 이 작품 안에는 어딘지 연옥의 분위기가 살아 있다. 천국은 가깝지만 아직은 손에 들어오지 않았다."

〈영원한 우상〉
1890–1893

카미유 클로델의 비극

클로델은 조각가로 성공하겠다는 열망과 열정으로 가득했다. 1903년 클로델은 살롱 전시회를 열었다. 미술평론가 옥타브 미르보는 "자연에 반대하는 봉기: 천재 여성"이라고 평했다. 클로델의 초기 작품은 로댕의 영향을 받아 여러 유사한 측면이 있었지만 차츰 독자적인 상상력과 서정성을 드러냈다는 평가를 받았다. 이때까지만 해도 클로델은 후원자도 있었고 화상도 있어 작은 성공을 거두고 있었다.

1905년 들어 클로델은 정신적인 문제를 드러내기 시작했다. 로댕과의 사랑을 인정받지 못했기 때문이었을까. 발작을 일으켜 작품들을 깨부수었고, 오랜 기간 잠적하기도 했다. 의사는 정신분열증으로 진단했다. 피해망상증에 시달린 클로델은 로댕이 자신의 아이디어를 훔쳐갔다고 생각했다. 더 나아가 로댕이 자신을 살해하려는 음모를 꾸몄다고 고소하기까지 했다.

클로델의 아버지는 딸을 끝까지 감싸고 지원했다. 영화 〈카미유 클로델〉을 보면 이 대목이 잘 그려져 있다. 아버지는 딸이 정신질환으로 고통을 겪을 때도 믿어주었다. 1913년 아버지가 사망했을 때, 부음이 클로델에게 전달되지 않았다.

클로델이 정신병원에 수감된 것은 아버지가 사망한 직후였다. 입원 동의서에는 시인이자 외교관인 동생이 서명했다. 의사들은 가족들에게 클로델이 수용소에 있을 필요가 없다고 설득했지만 가족은 클로델이 수용소에 있기를 원했다. 병원 측은 정기적으로 가족에게 클로델을 퇴원시켜도 좋은데 그래도 좋은지를 물어보았지만 그때마다 클로델 어머니는 완강히 거절했다. 결국 클로델은 30년간 수용소 생활을 하다 1943년 10월에 눈을 감았다. 남동생 폴 클로델은 30년간 일곱 차례 누나를 면회했다. 막내 여동생 루이스는 딱 한 번 언니를 찾아갔다. 어머니는 단 한 번도 딸을 면회하지 않았다.

클로델은 결국 가족으로부터도 외면당한 채 '미친 여자'로 낙인찍혀 죽어갔다. 클로델의 비극을 어떻게 봐야 할까. 클로델은 시대를 앞서가는 여자였다. 평범한 여자로 살기에는 모든 면에서 특출했다. 천재 조각가라는 말은 결코 허사(虛辭)가 아니었다. 그러나 시대는 특출한 여성을 받아들일 준비가 되어 있지 않았다. 여자가 결혼을 하지 않고 자기 일을 갖는다는 것도 받아들여지기 어려운 때였고, 하물며 유부남 로댕과의 연애 사건도 결과적으로 클로델의 예술 활동에

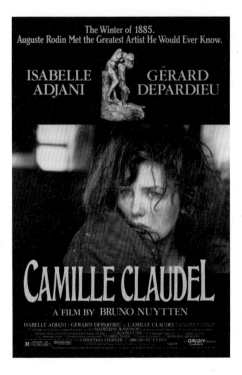

영화 〈카미유 클로델〉
포스터

악영향을 미쳤다. 클로델은 남성 중심 사회의 터부에 도전하는 인생을 살았다.

어머니가 단 한 번도 가련한 딸을 찾지 않은 이유는 뭘까. 당시 정신질환은 집안의 수치로 여겨졌다. 정신분석학을 주창한 프로이트 박사조차 빈에서 '미친 의사'로 취급받던 시대였다. 이것도 모자라 딸은 어머니 뜻에 반해 현모양처의 길이 아닌 감히 예술가의 길을 걸었고, 그것도 유명한 조각가와 불륜 스캔들을 일으켜 집안 망신을 시켰다. 클로델은 결국 마지

카미유 클로델의 작품
〈왈츠〉

막 보루인 가족에게서조차 버림받고 비참하게 죽어갈 수밖에 없었다.

클로델은 정신이상 증세로 자신의 석고상들을 깨버렸다. 그런 가운데서도 약 90점의 조각 작품과 스케치와 데생이 살아남았다. 동생인 폴은 외교관직에서 은퇴한 후인 1951년 클로델의 작품들을 로댕 미술관에서 전시했다. 이후 클로델의 작품은 지금까지 로댕 미술관에서 전시 중이다.

로댕과 클로델의 연애는 세기적 사건이다. 클로델의 비극적 최후로 인해 두 사람의 연애는 더 관심을 증폭시킨다. 두 사람의 사랑은 영화와 연극의 소재가 되곤 했다. 1988년에 영화로 만들어진 〈카미유 클로델〉은 이사벨 아자니가, 2013년에 나온 〈카미유 클로델〉에서는 줄리엣 비노슈가 주인공 역을 맡았다. 노르웨이 출신 극작가 입센은 두 사

람의 러브스토리를 주제로 1899년 〈우리가 깨어 있는 상태로 죽었을 때〉라는 희곡을 썼다.

칼레의 시민들

로댕은 〈지옥의 문〉을 제작하는 중에도 또 다른 공공 프로젝트를 의뢰받았다. 1884년 칼레 시에서 역사적 기념비를 제작해 달라고 주문한 것이다. 칼레는 프랑스 북동부에 있는 항구 도시. 도버해협 바다 밑으로 통과하는 유로라인이 출발하는 도시다.

칼레는 세계사 시간에 수없이 들어온 백년전쟁(1337~1453)의 상징 도시다. 잔 다르크가 혜성처럼 등장해 백척간두의 프랑스를 구한 것이 바로 백년전쟁이다.

로댕의 작업실에서 작업 중인 카미유 클로델

영국 왕 에드워드 3세는 군대를 이끌고 도버해협을 건너 성곽으로 둘러싼 칼레를 포위했다. 에드워드 3세는 독 안에 든 칼레 시민들을 단 한 명도 살려두지 않겠다고 선언한다. 칼레 시민이 선택할 수 있는 방법은 두 가지뿐이었다. 옥쇄냐, 항복이냐. 이때 영국 왕은 뜻밖의 제안을 한다. 칼레의 중요 인물 여섯 명이 머리를 죄수처럼 밀고 목에 밧줄을 감고 맨발로 걸어와 영국 왕 앞에서 죽는다면 나머지 주민들은 살려주겠노라고.

대의를 위해 스스로 목숨을 내놓을 사람은 아무도 없으리라고 계산한 제안이었다. 예상은 보기 좋게 빗나갔다. 여섯 명의 칼레 시민이 노예처럼 목에 밧줄을 걸고 맨발로 영국군 숙영지로 걸어와 왕의 막사

앞에서 무릎을 꿇었다. 영국 왕은 처형을 명령했다. 그때 옆에 있던 왕비가 저들에게 관용을 베풀어달라고 왕에게 간청했다. 잠시 머뭇거리던 왕은 왕비의 뜻을 받아들여 관용을 베풀기로 한다.

칼레 시는 영웅적인 행동으로 칼레를 구한 시민 여섯 명을 기리는 조각상을 제작해 달라고 로댕에게 주문한 것이다. 〈칼레의 시민들〉은 칼레 시민 여섯 명이 성문과 요새의 열쇠를 목에 걸고 영국군 막사를 향해 떠나는 장면을 묘사하고 있다.

〈칼레의 시민들〉을 구성하는 여섯 개의 조각 작품을 찬찬히 뜯어보자. 시선은 제각각이지만 표정은 하나같이 절망적이다. 영웅적인 용기를 발휘하는 이들의 당당하고 의연한 모습은 눈을 씻고 보아도 없다. 로댕은 대의를 위해 죽으러 가는 인간의 불안과 공포를 포착했다. 관념적으로 상상할 수 있는, 눈을 부릅뜬 영웅적인 모습과는 딴판이었다. 로댕은 신화 속에서나 등장하는 영웅 대신 죽음을 앞두고 공포에 떠는 나약한 인간을 있는 그대로 묘사했다. 대의명분이 아무리 좋은들 어느 누가 목숨을 내놓으러 가면서 기쁠 수 있겠는가. 로댕은 영웅이 아닌, 간수에 의해 집행장으로 끌려가는 사형수의 얼굴을 표현했다.

〈칼레의 시민들〉

로댕이 이런 시안(試案)을 제출했을 때 칼레 시 관계자들은 기겁했다. 그들이 은연중에 기대한 것과는 전혀 다른 것이었으니 말이다. 관습적으로 신화적인 영웅의 모습을 기대했던 공무원들은 조각가에게 수정을 요구했다. 로댕은 수정할 수 없는 이유를 설명했지만 공무원들은 이를 알아듣지 못했다. 로댕이 수정을 거부하며 시와 갈등하는 동안 프랑스에 불황이 몰아닥쳤고, 이로 인해 칼레의 주요 은행이 파산하게 된다. 그 결과 조각 건립 사업 자체가 무기한 보류되었다.

로댕은 이와 관계없이 작업을 계속해 나갔다. 먼저 1887년에 3인의 석고상을 일반에 선보였다. 이어 1889년 파리 만국박람회 기간 중 모네와의 2인전에 완성작 전체의 석고상을 전시했다. 〈칼레의 시민들〉 석고상이 등장하자 파리 예술계는 경탄했다. 로댕에 대한 열광적인 지지가 쏟아졌다. 지금까지 어디에서도 본 적이 없는, 오로지 로댕만이 빚어낼 수 있는 걸작 중 걸작이라는 평이었다. 10년 만인 1895년 〈칼레의 시민〉이 완성되었다. 로댕은 이 청동상을 칼레 시에 기증해 현재 청사 앞마당에 세워져 있다. 로댕 미술관 야외 전시장에도 〈칼레의 시민들〉 청동상이 있다.

로댕 저택의 유명인사들

프랑스 최고의 조각가 로댕. 그의 명성은 국경을 넘어 영국, 독일, 이탈리아, 오스트리아 등 유럽 전체에 퍼져 나갔다. 공공 조형물 주문이 쏟아져 들어왔다. 1895년 로댕은 파리 교외의 뫼동 지역에 널찍한 정원이 딸린 저택을 마련해 작업실과 거처로 사용했다. 로댕은 뫼동에 주로 머물며 파리는 꼭 필요할 때만 왕래하곤 했다. 세계 각국의 명사들이 로댕을 만나러 기꺼이 뫼동까지 찾아오는 수고를 마다하지 않았다.

패션 아이콘으로 불리는 영국 왕 에드워드 7세도 뫼동 저택을 찾아왔다. 미국의 사진작가 에드워드 슈타이켄은 뫼동 저택에 머물며 로댕의 24시간을 사진으로 담았다. 로댕은 뫼동을 찾아온 이사도라 덩컨을 통해 현대무용에 눈을 떠 당대의 무용수와 안무가들과도 교유했다. 파리에서 인기를 누렸던 러시아 발레단의 안무가 겸 무용수였던 니진스키도 알게된다. 또한 일본의 배우 겸 무용수 하나코도 만났다. 니진스키, 하나코 등은 기꺼이 조각가의 모델이 되었다.

뫼동 저택에는 프랑스는 물론 전 세계에서 편지들이 답지했다. 로댕은 작품 제작에 전념하기 위해 행정업무와 서한을 담당하는 비서를 따로 두었다. 특별한 경

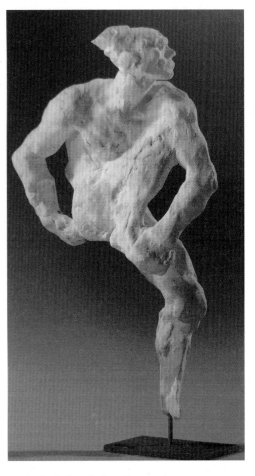

〈니진스키〉, 1912

우를 제외하고는 서한 담당 비서에게 답장을 하게 했다. 천재들이 으레 그렇듯 로댕 역시 성격이 까다로웠다. 로댕은 철자법과 문법에 서툴렀는데도 서한 담당 비서들이 자신이 쓴 편지를 고치는 것을 무척 싫어했다. 사정이 이렇다 보니 서한 담당 비서들은 오래 버티질 못했다. 비서 중에는 독일의 시인 라이너 마리아 릴케도 있었다. 릴케 외에도 옥타브 미라보, 오스카 와일드와 같은 당대의 작가들이 로댕을 흠모한 나머지 그의 비서를 자처했다.

뫼동 시절 로댕은 부와 명성을 만끽했다. 그는 작품 제작으로 매년 평균 20만 프랑이라는 돈을 벌었다. 그럼에도 그의 생활은 언제나처럼 검박했다. 로댕은 문명의 이기를 최소한으로만 허용했다. 뫼동 저택에 전화도 놓지 않았을 뿐 아니라 자동차도 사지 않았다. 1904년에 어쩔 수 없이 전기가 들어오는 것만을 허락했다. 사정이 이렇다 보니 세계의 명사들이 뫼동 저택을 찾아올 때는 사전에 편지를 보내 약속을 잡았다. 손님들은 으레 마차를 타고 오곤 했다. 로댕이 돈을 쓰는 유일한 대상은 미술품이었다. 고대 이집트 조각, 일본 불상을 비롯해 모네, 르누아르, 반 고흐 등 다른 작가의 작품들을 수집했다.

뫼동으로 가보자. 지하철 4호선 생미셸 역에서 'RER C'를 탄다. 베르사유 궁전을 지나는 열차다. 열차를 타고 10분쯤 지났을까. 너른 잔디밭에서 열기구가 막 이륙하고 있었다. 시트로엥 공원이다. 뫼동으로 가려면 이시 역에서 내려야 한다. 생미셸 역을 출발한 지 20분쯤 지나 이시 역에 도착했다. 출구는 하나. 개찰구를 나와 짧은 언덕길을 올라 큰길에 다다르자 이내 로댕의 존재감이 시각적으로 다가왔다. 큰길은 로댕 대로, 길 건너는 로댕 공원, 그리고 로댕 미술관 이정표도 있었다.

190번 버스를 타고 가는 방법도 있지만 이정표를 따라 야트막한 오르막길을 선택한다. 쉬엄쉬엄 걸어서 20여 분이면 도착한다. 나지막한 오르막길이 조금 힘에 부칠 수도 있겠다. 미술관은 로댕 대로에서 조금 벗어나 있다. 이정표를 따라 낯선 거리를 걷는다. 자동차들이 도로에 개구리 주차를 하고 있었다. 로댕이 아니라면 평생 밟아보지 못할 땅이다. 뫼동 자치구는 이시(Issy) 자치구 가장자리에 맞붙어 있다. '오귀스트 로댕 애비뉴'라는 푯말이 보이자 가슴이 뛰기 시작했다. 돌담장을 끼고 100여 미터 걸으면 로댕 미술관 정문이 나온다. 그런데 정문이

닫혀 있었다. 정문 옆 안내판을 보니 하필 그날이 휴
관일이었다. 아쉬운 마음을 뒤로 한 채 며칠 후를 기약했다.

위 **뫼동의 로댕 박물관**
정문
아래 이시 자치구의 로
댕 대로 표지판

발자크 상을 제작하다

1889년 프랑스 작가협회장 에밀 졸라가 뫼동을 방문했다. 서로의
존재를 익히 알고 있던 두 사람의 첫만남이었다. 에밀 졸라는 로댕에게
빅토르 위고의 기념상을 만들어달라고 의뢰했다. 2년 뒤에는 오노레
드 발자크의 기념상 제작도 의뢰받았다. 프랑스 작가협회는 1850년 발
자크가 숨지자마자 기념상 제작을 계획했지만 우여곡절 끝에 1891년
이 되어서야 로댕에게 발자크 기념상을 의뢰했다.

로댕은 발자크 기념상 제작 의뢰를 받고 말할 수 없이 기뻤다. 발자
크는 오래 전부터 꼭 동상으로 만들어보고 싶은 대상이었다. 어떤 개
념으로 발자크를 형상화시킬 것인가. 안타깝게도, 로댕은 살아 있는

발자크를 만난 적도, 먼발치에서조차도 본 적이 없었다. 로댕이 열 살 되던 해 발자크는 저 세상 사람이 되었으니 말이다. 로댕은 발자크에 대한 구체적이고도 실물적인 느낌이 없었다.

로댕은 발자크를 연구했다. 여러 가지의 시안을 시도했다. 초상화도 그렸고, 실물 크기의 누드, 프록코트를 입은 모습 등의 습작으로 발자크 두상을 수십 개 만들었다. 로댕은 〈발자크 상〉에서 용기와 노동과 투쟁을 표현하고자 했다. 수년에 걸친 노력 끝에 그는 두터운 외투를 걸친 헝클어진 머리칼의 발자크를 창조해 냈다.

1898년, 로댕은 〈발자크 상〉 석고를 처음으로 대중에 공개했다. 로댕은 석고상에 대해 비판적인 반응이 나오리라는 것을 어느 정도 예상하고 있었다. 그런데 프랑스 작가협회에서 이 작품을 비판했다는 사실에 로댕은 실망했다. 위대한 소설가를 목욕 가운을 걸친 우스꽝스런 모습으로 묘사했다는 게 비판의 이유였다.

비난 못지않게 옹호하는 목소리도 있었다. 화가 모네, 작곡가 드뷔시, 작가 조르주 클레망소 등이 로댕을 지지하는 선언문에 서명했다. 역사가 케네스 클라크는 BBC 방송의 '문명 시리즈'에서 이 동상을 가리켜 "아마도 미켈란젤로 이래 가장 위대한, 19세기 조각 작품 중 가장 위대한 작품"이라고 호평했다. 로댕은 더 이상 작가협

로댕 미술관에 있는
〈발자크 상〉, 1898

회와 옥신각신하고 싶지 않았다. 로댕은 작가협회에 작품료를 반환한 뒤 석고 동상을 자신의 뫼동 저택으로 옮겨놓았다. 〈발자크 상〉 이후 로댕은 더 이상 공공 작품 주문을 의뢰받지 않기로 했다(〈발자크 상〉은 1939년에야 청동상으로 만들어졌다).

군이 로댕 미술관까지 가지 않고도 시내에서 〈발자크 상〉을 감상할 수 있는 곳이 있다. 지하철 4호선 바뱅 역으로 가면 된다. 몽파르나스 공원묘지와 뤽상부르 정원의 중간에 있는 바뱅 역은 몽파르나스 지역을 기행하는 데 매우 중요한 지점이다. 유서 깊은 카페 로통드, 라쿠폴 등이 모두 바뱅 역 주변에 있다. 라쿠폴은 1920년대 헤밍웨이, 피츠제럴드 등 주로 미국 작가들의 아지트였다. 라쿠폴 옆에 길쭉한 소공원이 있는데, 〈발자크 상〉이 이곳에 세워져 있다. 그런데 이곳의 〈발자크 상〉은 성인 키 높이의 기단 위에 놓여 있어 고개를 들고 올려다봐야 하는 단점이 있다. 사람 눈높이가 되어야 〈발자크 상〉에 담으려 했던 조각가의 메시지를 읽을 수 있을 텐데 하는 아쉬움이 남는다. 역시 〈발자크 상〉의 진수를 맛보려면 로댕 미술관으로 가야 한다.

뫼동 시절 만든 작품으로 눈여겨봐야 할 것이 〈걷는 사람〉이다. 1900년경에 제작된 것으로 알려진 〈걷는 사람〉은 양팔과 머리가 없는 토르소와 같은 형태다. 고대 그리스의 비너스 상이 대표적인 토르소다. 작가 미상의 비너스는 원래부터 토르소로 제작된 게 아니다. 세월의 눈보라와 비바람을 맞으며 양팔이 어깻죽지에서 떨어져 나가, 우연히 토르소가 되어버린 경우다.

고대 로마에서 처음으로 인체를 전체가 아닌 머리 부분만 조각하는 흐름이 등장했다. 토르소가 본격적인 조각 장르로 인정받고 작품들이 제작되기 시작했다. 대기업 본사 현관 로비에 세워진 창립자의 두상이나 흉상은 고대 로마의 조각 전통에 기원을 두고 있다.

〈걷는 사람〉, 1900년경

로댕은 처음부터 의도적으로 머리를 떼어버렸다. 양팔도 만들지 않았다. 어찌 보면 괴기스럽기까지 하다. 머리와 양팔이 없는 사람을 누가 인체로 본단 말인가. 로댕 이전에 그 누구도, 감히 상상조차 하지 못한 시도였다.

〈걷는 사람〉은 오르세 미술관에서 전시 중이다. 지하철 12호선 솔페리노 역에서 내리면 오르세 미술관이 있다. 계단과 엘리베이터를 이용해 5층으로 올라간다. 5층은 인상파 화가들을 한데 모아놓은 공간이다. 마네, 모네, 르누아르 등 인상파 화가들의 숲을 헤쳐 나갔다. 저 유명한 인상파 작품들이 손짓했지만 나는 먼저 로댕을 만나고 싶었다. 그런데 예기치 못한 인물이 나의 발목을 잡고 말았다. 드가였다. 무희들을 많이 그린 드가 말이다. 화가로만 알고 있던 드가는 춤추는 무희를 조각 작품으로도 남겼다. 드가의 무희는 평면에서 걸어 나와 실물 크기의 입체적인 무희로 변신해 있었다. 무희 소녀를 빙 둘러 살펴보면서 회화로 볼 때와는 전혀 다른 감동이 일었다.

로댕의 〈걷는 사람〉은 〈청동시대〉와 한 방에 있었다. 4면에는 인상주의 작품들이 로댕의 작품들을 호위하고 있는 듯했다. 사진으로 수없이 보았지만 사진은 어디까지나 사진일 뿐, 백문이 불여일견이었다. 가까이서 보니 떨어져 나간 어깨죽지가 가슴팍 윗부분까지 패였다. 나는 전후좌우로 돌며 〈걷는 사람〉을 현미경으로 관찰하듯 살폈다. 대개의 청동상은 표면이 매끄러운 게 보통인데, 〈걷는 사람〉은 이와는 전혀 달랐다. 주조 과정의 흠집, 기포 등이 있는 그대로 드러나 있다. 그래서일까. 오히려 아무런 흠결 없는 매끈매끈한 청동상보다 훨씬 사실적이어서 더 생동감이 느껴진다.

〈걷는 사람〉은, 머리와 양팔이 없어도 여전히 사람이었다. 관람객은 머리와 양팔이 없는 작품 앞에서 두 다리와 가슴이 열린 방향, 그리고 다리 근육과 골격에 집중하게 된다. 비로소 다리와 가슴의 중요성을 인식한다. 동시에 인간이 직립보행의 동물이라는 인류학적 깨달음을 상기하게 된다. 〈걷는 사람〉은 같은 오르세 미술관에 있는 〈설교하는 세례 요한〉과 극명하게 대비된다. 머리와 팔이 달린 〈설교하는 세례

오르세 미술관

요한〉의 경우 관람자의 시선이 분산되고 흩어진다. 어느 하나에 집중할 수가 없는 데 반해 〈걷는 사람〉은 두 다리에 몰입된다. 인간은 걷게 되면서 두 팔의 자유를 얻었고, 마침내 문명을 창조할 수 있었다. 나는 로댕의 천재성에 전율했다.

로댕 미술관에서 만난 로댕

로댕은 뫼동에서 13년간 지낸 후 다시 파리로 돌아왔다. 아내 뵈레는 뫼동에 남겨놓고 혼자서 비롱 저택을 빌렸다. 왜 그랬을까? 로댕에게 새로운 연인이 생겼기 때문이다.

상대는 영국 출신의 화가 그웬 존(Gwen John). 그웬 존은 영국에서 미술 아카데미를 마친 뒤 파리로 건너와 미술을 공부했다. 잠시 런던에 돌아갔다가 1904년 파리에 정착해 화가로 활동했다. 그웬 존은 당시 많은 여류 화가들이 그랬던 것처럼 작업하는 틈틈이 다른 화가들의 모델로 서기도 했다. 1906년에 우연히 로댕의 모델이 되었고, 곧 두 사람은 연인관계로 발전했다. 몇 년 간의 사랑이 끝난 뒤 그웬 존 역시 힘든 시간을 보냈다. 1913년 성공회교에서 가톨릭교로 개종했고, 뫼동 지방으로 들어가 외부와의 접촉을 끊고 생활했다.

혈기왕성한 예술가에게 1916년 첫 위험 신호가 나타났다. 뇌졸중 증세였다. 로댕은 살 날이 얼마 남지 않았다는 것을 깨달았다. 로댕은 50년 넘게 동거해 온 뵈레와 1917년 2월, 검은 머리가 파뿌리가 되어서야 결혼식을 올렸다. 뵈레는 결혼식이 끝난 지 2주 뒤에 눈을 감았다. 로댕 역시 같은 해 11월 눈을 감았다. 1차 세계대전 중이었기에 로댕의 장례식은 간소하게 치러졌다. 로댕은 뫼동 저택의 작업실 앞 정원에 묻힌

다. 1차 세계대전이 끝난 뒤인 1919년 파리의 비롱 저택은 로댕 미술관
으로 개관했다. 1948년에는 뫼동의 집과 작업실이 역시 로댕 미술관으
로 문을 열었다.

비롱 저택이었던 로댕 미술관으로 걸음을 옮겨보자. 지하철 13호선
을 타고 바렌 역에 내린다. 지하철역 출구는 앵발리드 대로변에 있다.
출구를 나오면 로댕 미술관까지는 걸어서 1분도 걸리지 않는다. 앵발
리드 대로는 자동차 소음으로 시끄럽다. 그러나 일단 로댕 미술관 안
으로 들어서기만 하면 고립된 것처럼 적요하다. 담장이 높아서일까.

로댕 미술관은 오랜 세월 '비롱 저택'으로 불렸다. 비롱 공작이 저택
의 최초 주인이었기 때문이다. 비롱 저택은 정부 소유의 임대용 건물로
용도가 바뀌고 나서 예술가들이 작업실로 사용했다. 실내 공간이 넓은
데다 정원이 잘 꾸며져 있어 예술가들이 선호했다. 화가 앙리 마티스,
무용가 이사도라 덩컨, 작가 장 콕토, 시인 라이너 마리아 릴케 등이 비

롱 저택에 작업실을 둔 이들이다.

로댕이 이 저택을 처음 알게 된 것은 라이너 마리아 릴케를 통해서였다. 릴케의 부인이자 조각가인 클라라가 비롱 저택의 일부 공간을 작업실로 사용했다. 릴케는 아내의 작업실에 로댕을 초대했고, 로댕은 비롱 저택에 반해 1층 일부를 작업실로 임대한다.

로댕 미술관은 정원 야외 전시장과 실내 전시장으로 나뉜다. 야외 전시장은 장미정원으로 꾸며놓았는데, 군데군데 로댕의 대표작들을 청동상으로 전시하고 있다. 야외 전시장의 안쪽 담장 너머는 한국 대사관이다.

정원에서 첫 번째로 만나게 되는 작품은 〈칼레의 시민들〉이다. 내가 찾아갔을 때는 건조한 날씨가 한 달 넘게 계속되어 동상에 먼지가 뽀얗게 앉아 있었다. 처음에는 이것이 몹시 거슬렸다. 왠지 작품 감상을 방해하는 것만 같았다. 그런데 양옆과 앞뒤로 찬찬히 살펴보다가 나는 고개를 끄덕였다. 지저분한 먼지가 오히려 영국 왕에게 희생양으로 끌려가던 당시의 분위기를 상기시켰다. 〈칼레의 시민들〉을 지나면 높은 담장에 붙어 있는 청동상 〈지옥의 문〉이 보인다.

야외 전시장에서 나의 발길을 가장 오래 붙잡아둔 것은 〈생각하는 사람〉이 아닌 〈발자크 상〉이었다. 이유는 단순하다. 앞서 언급한 대로 바뱅 역 근처 〈발자크 상〉은 고개를 들어 올려다보아야 한다. 그러나 로댕 미술관의 발자크 상은 녹색 풀밭 위에 기단 없이 세워져 있어 관람객과 눈높이가 같다. 차분히 감상하기에 좋다. 동상 뒤쪽에 초록색 조경수(樹)가 있어 햇볕으로 인한 눈부심이 덜해 집중도 잘된다. 나는 발자크의 표정을 뚫어지게 쳐다보고 또 쳐다보았다. 로댕이 표현하고자 했던 용기, 투쟁, 노동을 읽어보고 느껴보고 싶었다. 발자크에게 글쓰기는 노동이며 투쟁이었다.

실내 전시장에는 〈발자크 상〉과 〈위고 상〉을 제작하면서 만든 습작 석고상이 수십 점 진열되어 있다. 각기 다른 발자크와 위고의 표정들이다. 원하는 단 하나의 표정을 잡아내기 위한 거장의 시도는 헤아릴 수 없을 정도였다. 천재는 위대한 노력과 인내의 소유자라는 말을 다시 한 번 실감했다.

실내 전시장에서 나를 전율케 한 것은 대리석으로 빚어낸 〈키스〉였다. 도록과 사진으로 수없이 보아온 것이지만 직접 보니 이제까지 본 것은 본

〈키스〉, 1880-1898

〈클레망소 흉상〉

게 아니었다. 클림트의 〈키스〉가 아무리 아름다워도 그 감동은 평면적이라는 한계가 있다. 클림트의 〈키스〉는 오로지 정면으로 보아야 한다. 그러나 로댕의 〈키스〉는 그 감동이 입체적이다. 마치 내 눈앞에서 벌거벗은 남녀가 입을 맞추고 있는 것 같다. 또 어느 각도에서 보느냐에 따라 〈키스〉의 느낌이 모두 다르다. 옆이나 아래쪽에서 보면 은밀한 성애(性愛)를 남몰래 엿보는 것 같은 느낌을 준다.

로댕이 제작한 조르주 클레망소의 흉상도 눈여겨볼 만하다. 드골이 2차 세계대전의 영웅이라면 조르주 클레망소는 1차 세계대전의 영웅이다. 파리 한복판에 클레망소의 이름을 딴 거리가 있다는 사실이 그를 기리는 프랑스인의 생각을 엿보게 한다. 클레망소의 흉상 뒤쪽 벽에 걸린 그림은 모네의 작품이다. 로댕과 모네는 생전에 각별한 친구이자 서로를 인정한 예술적 동지였다. 두 사람은 1889년 파리 만국박람회 당시 조르주 프티 화랑에서 합동 전시회를 열었다. 평면 예술과 입체 예술의 랑데부! 미술평론가 옥타브 미르보는 '로댕-모네전'을 보고 이런 평을 남겼다.

"모네와 로댕은 회화와 조각이라는 쌍둥이 예술을 이 나라에서 가장 찬란하고 확실하게 구현했다."

로댕 미술관에서 감탄하게 되는 또 하나는 로댕이 손을 주제로 여러 점의 작품을 만들었다는 사실이다. 인간의 삶에서 손의 중요성은 아무리 강조해도 지나치지 않다. 그러나 어떤 예술가도 손 자체를 오브제로 놓고 탐구하지는 않았다. 로댕의 천재성은 인간의 손을 사지(四肢)의 한 부분이 아닌 인간 전체로 승화시켰다는 점이다. 시각장애인 안마

사들은 안마를 받는 사람의 손을 만져보고 뼈마디, 살갗, 피부의 거칠기 등으로 손님의 직업과 생애를 추론해 낸다. 로댕은 바로 손에 사람의 표정이 발현된다는 사실을 일찍이 깨달은 사람이다.

〈대성당〉은 양손 열 개의 손가락이 끝에서 부드럽게 만나는 형상이다. 창문으로 부서져 들어오는 햇살이 시시각각 달라지는 실루엣과 그림자로 양손의 경건함과 신성함을 고조시킨다. 이를 〈대성당〉이라고 이름 붙인 것은 또 얼마나 기발한가. 〈비밀〉을 보자. 두 손은 손가락 끝부분만 움직일 수 있고 손바닥은 대리석이 가로막고 있다. 합장하고 싶어도 할 수 없는 안타까움이 밀려온다.

노년의 로댕은 비롱 저택에서 생을 마치기를 희망했다. 로댕은 비롱 저택을 떠나고 싶지 않았다. 로댕은 정부에 미술관에 있는 모든 소장품을 기증할 테니 죽을 때까지 여기서 살도록 해달라고 요청했고, 정부는 이를 승인했다. 로댕은 자신의 유언장에 서명한다. "본인의 작품이든 아니든 관계없이 로댕의 각 작업실에 있는 예술품 모두, 인쇄물이든 손으로 쓴 원고든, 간행되었든 미간행이든 관계없이 기록물 모두, 그리고 이에 부속된 저작권 모두를 기증한다."

프랑스 정부는 1916년 12월 22일 비롱 저택에 로댕 미술관을 개관한다. 로댕이 사망하기 9개월 전이다.

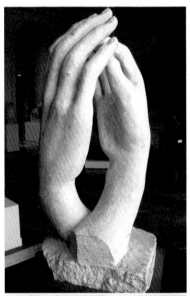

위 〈대성당〉, 1908
아래 〈비밀〉, 1909

로댕의 작업실

다시 뫼동으로 길을 잡았다. 한번 가본 길이어서 도로, 건물, 이정표 등이 친숙하게 느껴진다. 앵발리드 대로변의 로댕 미술관처럼 뫼동 미술관 역시 국가 소유다. 뮤지엄 패스를 보여주고 안으로 들어갔다. 2열 종대로 늘어선 마로니에 나무는 수령이 백년은 훨씬 넘어 보였다. 나는 아름드리 마로니에가 만든 짙은 녹음의 터널 속으로 걸어가기로 한다. 100여 년 전 뫼동을 찾은 이들도 나처럼 이 길을 걸었을 것이다.

뫼동 미술관은 건물이 저택과 작업실 두 동(棟)으로 구성되어 있다. 나는 로댕이 살았던 저택을 먼저 가보기로 했다. 저택 출입구는 뒤쪽에 있다. 로댕이 밟고 오르내린 돌계단을 올라가니 오른편에 작은 응접실이 나온다. 로댕이 편지를 읽곤 하던 곳이다. 응접실은 식당과 연결되어 있었다. 식당엔 기다란 식탁이 놓여 있었는데, 족히 10여 명은 앉을

뫼동 미술관의 가로수길

수 있을 것 같았다. 안내 직원에 따르면, 식당 벽면의 그림과 식탁 위의 토르소 조각이 로댕이 살던 그 당시의 물건이다. 로댕을 만나기 위해 뫼동을 찾아온 수많은 세계적 명사들이 여기에 와서 식사를 했다. 식당 출입문에는 줄을 쳐놓아 안으로 들어갈 수 없었다. 잠시 상상해 본다.

'수염을 멋지게 기른 로댕이 2층 침실에서 내려와 복도를 지나 식당으로 들어선다. 로댕은 젊은 날 턱을 다쳐 커다란 흉터가 생겼는데, 이를 감추기 위해 수염을 길렀다. 로댕은 식탁을 왼쪽으로 돌아 정중앙에 앉는다. 식탁에 스푼과 포크가 엎어져 있는 것을 잠시 내려다본다. 로댕은 자택에서 사용하는 모든 스푼과 포크의 뒷면에 고유 문양을 새겼다. 그리곤 오늘 초대된 손님들에게 짤막한 환영인사를 한다. 로댕 왼편 세 번째 좌석에 서한 담당 비서 라이너 마리아 릴케가 앉아 있다⋯⋯.'

작업실은 살림집 아래쪽에 있다. 작업실 입구에 서니 파리 외곽이 눈

뫼동의
로댕 작업실과 묘지

왼쪽 위 **뫼동 작업실에 전시된 석고상들**
왼쪽 아래 **뫼동에서 부인 로즈 뵈레와 함께**
오른쪽 위 **뫼동 작업실에서 위고의 누드상을 작업 중인 로댕**
오른쪽 아래 **벌거벗은 채 여인에 둘러싸인 위고 석고상**

아래 펼쳐졌다. 뫼동 저택이 높은 언덕마루에 조성되었다는 게 실감이 났다. 작업실로 들어섰다. 작업실은 교실 세 개를 합쳐놓은 크기였고, 천장 높이 역시 교실 높이의 두 배 정도 되어 보였다. 이미 작업실에는 세 명의 관람객들이 작품을 감상하고 있었다. 작업실 가운데에 직사각형 모양의 나무 단을 만들어 그 위에 로댕의 석고 작품 수십 점을 전시해 놓았다. 또 다른 석고 작품과 청동상을 벽면을 따라 세워두었다.

〈발자크 상〉을 만들며 시험 삼아 제작한 누드 석고상도 보였다. 〈위고 상〉 습작도 눈길을 사로잡았다. 벌거벗은 위고를 역시 나신의 여인들이 에워싸고 있는 모습. 이런 기본 형태에서 조금씩 변화를 준 다양한 석고상들이 진열되어 있다. 위고가 당대 몇 손가락 안에 드는 여성 편력의 소유자였음을 상기시키는 대목이다.

관람객들은 아무 말도 하지 않았고 발자국 소리조차 내지 않았다. 간간이 카메라 서터 소리가 정적을 깰 뿐이었다. 나 역시 정적 속으로 빠져들었다. 말이 필요 없었다. 로댕은 보이지 않았지만 공간 구석구석에 존재했다. '신의 손을 가진 인간'의 예술혼이 공기 입자 속에서 떠다니고 있음을 그들도 느꼈으리라. 로댕의 흔적을 좇아 파리 시내 여기저기를 다녔지만 이곳처럼 로댕의 실체를 느끼며 전율한 곳은 없었다.

작업실 앞마당에는 〈생각하는 사람〉 청동상이 세워져 있다. 로댕의 묘다. 동상 뒷면에 로댕이 여기 묻혔다고 적혀 있다. 로댕의 장례식 날 이곳에는 세계 각국에서 온 조문객들로 발디딜 틈이 없었다. 묘비 너머로 멀리 파리 교외가 내려다보였다.

샤넬,
패션의 혁명
1883~1971

Gabriel Chanel

마릴린 먼로의 잠옷

내게 '샤넬'이 가장 강렬하게 각인된 때는 1994년 캐나다 토론토에서였다. 나는 당시 조선일보 연수특파원으로 캐나다 토론토에 주재하고 있었다. 그때 우연히 토론토 중심가에서 마주쳤던 '샤넬 No. 5' 광고를 지금도 잊을 수가 없다. 샤넬 No. 5는 버스 정류장의 광고판에 있었다. 어깨선이 드러나고 가슴이 깊게 패인 드레스를 입은 여인이 턱을 살짝 들어올린 채 눈을 지그시 감고 있다. 여인의 가슴으로 샤넬 No. 5의 황금빛 향수가 쏟아진다.

나는 그때까지 그토록 관능적인 광고를 본 적이 없었다. 그것은 마치 그리스 신화의 다나에를 연상케 했다. 어느 날 왕은 자신의 딸이 아들을 낳으면 그 아들이 자신을 죽일 것이라는 끔찍한 신탁을 받는다. 왕은 딸 다나에가 남자를 만나지 못하도록 성채의 다락방에 가둔다. 바람둥이 제우스가 그런 다나에를 놓아둘까. 제우스는 '황금 비'로 변신해 창틀 사이로 들어와 아름다운 처녀 다나에에게 비를 뿌린다. 다나에는 쏟아지는 황금 비에 몸을 맡긴 채 황홀경에 빠진다. 다나에의 거부할 수 없는 운명이다. 이 이야기는 클림트를 비롯한 당대의 수많은

클림트의 〈다나에〉

유럽 화가들의 모티브가 되었다. 샤넬 No. 5 광고가 꼭 그랬다. 샤넬 No. 5는 욕망을 부르는, 황금빛 관능이었다.

배우 마릴린 먼로는 수많은 일화를 남겼고, 지금까지도 먼로의 이야기는 끊임없이 회자된다. 그 중 하나가 잠을 잘 때 실오라기 하나 걸치지 않고 잠을 자는 것이다. 그녀가 전성기 때 기자로부터 이런 질문을 받았다. "당신은 잠자리에 들 때 무엇을 걸치고 자는가?" 먼로는 기다렸다는 듯 거침없이 대답했다. "샤넬 No. 5."

리들리 스콧, 뤽 베송, 바즈 루어먼……. 영화 팬이라면 누구나 고개를 끄덕이는 영화감독들이다. 리들리 스콧은 〈델마와 루이스〉, 〈에일리언〉, 〈한니발〉, 〈마션〉 등을 연출한, 더 이상의 설명이 필요 없는 영국의 거장이다. 뤽 베송은 〈택시〉, 〈루시〉, 〈테이큰〉 등을 연출한 프랑스 감독이다. 바즈 루어먼은 호주 출신으로 〈위대한 개츠비〉, 〈물랑루즈〉, 〈오스트레일리아〉 등을 연출했다.

나이도 국적도 출신 학교도 다른 이들에게 공통점이 하나 있다. 영화판에서 일가를 이룬 이들이 모두 '샤넬'의 광고영화를 찍었다는 사실이다. 영화관에서 상영되는 3~5분짜리 샤넬 광고영화! 잘 나가는 영화감독들도 샤넬 광고영화만큼은 찍고 싶어 한다. 그리고 평가받고 싶어 한다. 누가 세계 최고인지를. 왜일까? 그 누구도 아닌, 바로 샤넬이니까.

나는 '도시가 사랑한 천재들' 시리즈를 통해 모두 29명의 천재를 다뤘고, 요람에서 무덤까지 그들의 흔적과 체취를 추적했다. 천재들의 어린 시절이나 청소년기는 대개 순탄치 않았다. 찰리 채플린, 찰스 디킨스 등이 대표적이다. 청소년기가 불우하지 않았더라도 천재들 대부분은 아버지나 어머니와 애증관계를 형성했다. 어떤 경우라 해도 출생 환경자체를 숨기거나 꾸미는 인물은 없었다. 불우한 어린 시절을 보냈다고 해도 성공하고 나면 부모나 과거와 화해했다. 이런 점에서 가브리엘 샤넬은 남다르다. 샤넬은 파리에서 크게 성공하고 나서, 즉 패션의 제왕이 되고

마릴린 먼로의 샤넬 No. 5 광고(사진제공 샤넬사)

나서도 가정환경에 대한 진실을 말하려 하지 않았다. 특히 아버지와 관련해서는 더욱 그랬다. 왜 그랬을까?

숨기고 싶은 유년기

가브리엘 샤넬은 1883년 8월 19일 프랑스의 중서부 소뮈르에서 태어났다. 프랑스 사람들은 소뮈르 하면, 먼저 아름다운 풍광으로 유명한 루아르 강을 떠올린다. 와인 전문가라면 루아르 계곡의 포도밭과 산미(酸味)가 강한 소뮈르 산 화이트와인이 생각날 것이다. 프랑스 남부에서 발원해 1,012킬로미터를 굽이굽이 돌아 프랑스 땅의 20퍼센트

가량을 비옥하게 적시며 대서양으로 흘러드는 루아르 강. 샤넬사가 공식 자료에서 밝힌 사실은 다음 문장이다.

"가브리엘은 농촌 태생으로, 세벤 사람인 아버지와 오베르뉴 사람인 어머니도 농촌 출신이었다. 행상인이었던 아버지 알베르 샤넬은 프랑스 중부의 장터를 돌며 작업복과 속옷을 팔았다. 이러한 떠돌이 생활 탓에 가브리엘 샤넬은 빈민들을 위한 시설인 소뮈르 구제원에서 태어났다. (······) 시골에서 보낸 그녀의 유년기에는 빈곤의 상흔과 죽음의 충격이 남아 있다. 가브리엘이 열두 살 때 어머니 잔이 병으로 세상을 떠나자 아버지는 가브리엘을 포함한 세 자매를 브리브 인근, 수녀들이 운영하는 오바진 고아원에 맡겼다. 아버지는 나중에 데리러 오겠다고 약속했지만 영영 모습을 드러내지 않았다."

샤넬이 태어나서 고아원에 맡겨지는 과정이 단 몇 줄로 압축되어 있다. 21세기나 19세기나 친자식을 버리는 행위는 비난받아 마땅하다. 그렇기에 그것은 '아무나' 할 수 없다. 부모가 있는데도 구제원에서 태

샤넬의 고향 소뮈르의
아름다운 풍경

어났다는 사실과 생모가 죽자마자 곧바로 생부에 의해 버려졌다는 사실. 바로 여기에 샤넬이 평생을, 꿈에서조차 숨기고 싶어 한 출생의 비밀이 숨어 있다. 물론 지금은 더 이상의 비밀도 아니지만. 샤넬이 세계적 명사가 되고 나서 많은 전기 작가들이 이 부분을 파고들어 가계의 뿌리를 캐냈다. 프랑스의 전기작가이자 소설가인 에드몽드 샤를 루는 1974년에 쓴 샤넬의 전기《코코 샤넬》에서 이 부분을 상세하게 설명하고 있다.

가브리엘 샤넬의 부계(父系)를 잠시 언급하고 넘어가자. 할아버지 앙리 아드리엥은 행상으로 마을을 떠돌며 말주변과 허풍으로 순진한 처녀들을 후리고 돌아다니는 것을 자랑스럽게 여기는 DNA를 타고났다. 샤넬의 아버지 알베르 역시 아버지의 모든 걸 물려받았다. 바람기, 언변, 허풍, 그리고 방랑벽까지. 평범한 얼굴이었지만 일찌감치 여자를 유혹하는 기술을 터득했다. 알베르는 부친을 도와 행상을 하면서 틈만 나면 여자를 유혹했다. 그러다 문제가 생기면 줄행랑을 쳤다. 샤넬가의 남자들은 하나같이 '나쁜 남자'였지만 순진한 처녀들은 입만 열면 번드르르한 거짓말을 하는 나쁜 남자들에게 넘어갔다.

순진한 처녀 잔이 난봉꾼 알베르에게 빠지게 된 것도 진부한 여자사냥 공식에 넘어간 결과였다. 잔이 행상에 불과한 알베르를 백마탄 왕자처럼 여기며 몸과 마음을 바쳤을 때 난봉꾼은 이미 잔에게서 도망칠 궁리를 하고 있었다. 1882년 1월, 알베르는 어느 날 밤 연기처럼 홀연히 사라졌다. 잔의 몸속에는 새 생명이 자라고 있었다. 잔은 만삭인 배를 부여잡고 알베르를 찾아나섰다.

잔은 오브나스 지역의 한 술집에서 하숙하며 행상을 하는 날건달 알베르를 만난다. 잔은 며칠 지나지 않아 딸을 출산했고, 건달은 어쩔 수 없이 딸을 받아들였지만 결혼할 생각은 추호도 없었다. 이때 태어난 아이가 가브리엘의 언니 쥘리아다.

알베르는 어떻게 하면 이 '끔찍한 혹'을 떼어낼까 궁리하다가 소뮈르로 이사하기로 했다. 프랑스 동쪽에서 서쪽 끝으로 가면 잔이 거기까지는 따라오지 못할 것이라고 생각했다. 그러나 잔은 따라가지 않고는 달리 살 방법이 없었다. 뱃속에 둘째 아이가 자라고 있었기 때문이다. 두 사람은 소뮈르 시장통의 다락방을 사글세로 얻고는 알베르는 행상을, 잔은 허드렛 일을 하며 근근이 살았다.

1883년 8월 19일 잔은 산통을 느껴 혼자 허겁지겁 구제원 병원으로 갔다. 워낙 급박하게 병원으로 가는 바람에 정식 입원절차를 밟을 틈도 없었다. 잔은 거기서 딸을 출산했다. 이 아이가 가브리엘 샤넬이다. 8월 20일 출생 신고를 할 때도 남편은 현장에 없었고, 영세를 받을 때도 남편은 코빼기도 보이지 않았다.

잔은 생활력이 강했다. 살아보려고 악착같이 일했다. 아이를 맡길

사진작가 으젠 앗제의 카메라에 찍힌 잔과 가브리엘

곳이 없으니 좌판을 하는 시장통에 데리고 나와 품에 안은 채 채소 좌판을 열기도 했다. 이 지점에서 '현대 사진의 아버지'로 불리는 사진작가 으젠 앗제가 등장한다. 앗제는 프랑스 전역을 돌며 카메라로 행상과 거리 예술가들의 일상을 기록했다. 우연히 소뮈르에 흘러들어와 하던 대로 거리 풍속을 담았다. 그런데 앗제가 소뮈르에서 찍은 수많은 사진 중에 우연히 잔의 모습이 찍혔다. 햇볕이 내리쬐는 공터 한가운데 잠든 여자아이를 치마폭에 뉘인 채 푸성귀를 팔고 있는 여인. 궁핍에 찌든 표정이 너무나 생생하다. 전기작가 샤를 루는 이 여인을 '잔'이라고 단정한다.

알베르는 1884년 여름, 잔의 고향인 쿠르피에르로 돌아와 잔과 결혼식을 올렸다. 잔이 셋째를 임신했기 때문이었다. 알베르의 결혼식에 참석한 그의 부모는 아들에게 얼마 전 막내딸을 낳았다는 얘기를 한다. 이 딸이 가브리엘 샤넬의 고모이자 훗날 샤넬의 모델로 활동하게 되는 아드리엔 샤넬이다.

알베르는 왜 돌아왔을까. 개과천선해서일까? 아니다. 사람의 천성은 쉽게 바뀌지 않는다. 그는 처자식을 어느 정도 먹고 사는 잔의 외삼촌에게 떠넘기고 도망치려 꾀를 부린 것이다. 알베르는 갖은 구실을 붙여 틈만 나며 쿠르피에르를 떠났지만 그때마다 잔은 알베르를 따라나섰다. 천식으로 몸이 성치 않았는데도 잔은 폭력을 일삼는 남편에게 적응되어 있었다. 1891년 잔은 만삭인 채로 다시 고향에 돌아와 다섯째 아이를 낳았다. 가뜩이나 천식으로 건강이 나쁜 잔은 잇따른 임신과 출산으로 시름시름 앓았다. 고열과 폐렴으로 고통을 겪던 잔은 1895년 서른세 살 나이에 세상을 떴다.

알베르는 드디어 자유로운 홀아비가 되었다. 그는 장례가 끝나기가 무섭게 세 자매를 낡은 짐수레에 싣고는 마을을 떠나 오바진으로 향했다. 그곳에 떠돌이 시절 알게 된, 수녀들이 운영하는 소녀 전용 고아원이 있었다. 그는 딸들을 고아원에 맡기며 곧 찾으러 오겠노라고 했다. 자매는 오래 지나지 않아 아버지가 자신들을 버렸다는 사실을 깨달았다!

가수의 꿈을 꾸다

가브리엘 샤넬은 평생 동안 '고아원'이라는 단어를 입 밖에 내지 않았다. 누구도 어린 소녀가 겪었을 참담함을 감히 이해한다고 말할 수는 없으리라.

샤넬의 유년시절 이야기는 《런던이 사랑한 천재들》에서 만난 채플린 형제를 떠올리게 한다. 남편으로부터 버림받은 어머니가 정신질환 발작을 일으키자 채플린 형제는 런던 교외의 한웰 고아원에 맡겨졌다. 우연의 일치지만 그해가 샤넬과 똑같은 1895년이다. 어머니는 정신이 돌아오면 채플린 형제를 집으로 데려가곤 했다. 20여 년 뒤 채플린이 무성영화의 대스타가 되어 런던에 금의환향했을 때, 그는 가장 먼저 한웰 고아원을 찾았다.

샤넬은 고아원은커녕 오바진의 'ㅇ'자도 꺼내지 않았다. 똑같이 고아원에 맡겨졌지만 채플린은 기다릴 대상이 있었고, 실제로 어머니는 자식들을 포기하지 않았다. 그러나 샤넬은 아무도 기다릴 사람이 없었다. 모든 가족과 인연이 끊긴 채 철저히 버려진 것이다.

고아원이 있는 수도원은 중세의 수도원이 그렇듯, 난공불락의 요새처럼 높은 담벼락으로 둘러처져 있었다. 샤넬은 찾아오는 이 한 사람 없는 완벽한 절망 속에서 7년을 보냈다. 훗날 샤넬이 연인을 잃고 괴로워할 때 한 친구가 그녀를 위로했다. 그때 샤넬은 이렇게 대답했다. "내

오바진 수도원과
고아 소녀들

가 어떤 기분일지 위로하려고 하지 마세요. 아주 어린 시절부터 잘 알고 있었으니까요. 나는 모든 것을 빼앗겼어요. 그때도 나는 죽은 것이나 다름없었죠. 그 사실을 나는 열두 살에 깨달았어요. 일평생을 사는 동안 한 사람이 여러 번 죽을 수도 있다는 사실을 말이에요."

열두 살이면 감수성이 매우 예민할 시기다. 우리는 이때의 경험이나 상처가 생애에 걸쳐 전의식과 무의식에 부유하며 행동에 영향을 미친다는 사실을 안다. 바로 그 시기에 샤넬은 수도원 건물 안에서 1년 365일을 지냈다.

수도원을 산꼭대기에 지은 까닭은 명백하다. 수도사들이 세진(世塵)으로부터 은둔하며 오로지 신만을 섬기기 위해서다. 수도원을 지배하는 언어는 침묵과 고독이고, 그 침묵과 고독을 색으로 표현하면 흑과 백이다. 수도원 생활은 몇 개의 명사형으로 표현된다. 엄격함, 깨끗함, 깔끔함, 단순함, 수수함, 그리고 지루함……

'빈'에서 '페테르부르크'까지 29명의 천재를 만나면서 내가 체득한 진리는 한 문장으로 축약된다. '이 세상에 쓸모없는 경험은 하나도 없다.' 이 진리는 샤넬에게도 그대로 적용된다. 세계적 패션 디자이너 중 어린 시절을 고아원에서 7년이란 세월을 보낸 사람은 가브리엘 샤넬밖에 없

스물여섯 살의
가브리엘 샤넬

을 것이다. 미래의 위대한 패션 디자이너
가 끔찍한 세월 동안 지겹도록 본 것은
무엇일까.

"빨고 또 빨아서 하얘진 블라우스, 큰
보폭으로 편하게 걸을 수 있도록 넓은 주
름이 잡혀 있는 검정 치마, 수녀들의 검
정 베일과 소맷부리가 넓은 검정 원피스,
수녀들의 머리를 조여주는 하얀색 밴드
와 하얀색 목 장식. 공동 침실의 검정 문
과 대조를 이루는 하얀색 긴 복도와 석회
벽……."(에드몽드 샤를 루,《코코 샤넬》)

소녀 샤넬이 오바진 고아원에서 숙녀
로 성숙해 가는 동안 세계는 세기말을 거
쳐 20세기를 향해 질주하고 있었다. 프랑스는 '벨 에포크'의 한복판에
서 1889년 파리 만국박람회를 개최하며 세계의 중심임을 선언했다.

20세기를 목전에 둔 세기말의 불안은 18세기와 결별을 고했다. 에펠
탑의 등장으로 철골을 천하고 품위 없는 것으로 여기던 기존의 관념이
통째로 바뀐 것처럼, 구세기의 낡은 껍질을 깨부수려는 몸부림이 곳곳
에서 꿈틀거렸다.

혼동의 세기말, 샤넬도 어느덧 숙녀가 되었다. 오바진 고아원은 열
아홉 살이 되면 선택을 해야 했다. 수녀가 되거나 세상 속으로 나아가
거나. 고아 처녀는 수도원을 나가기로 했다. 택할 수 있는 길은 여공이
나 보조양재사로 취직하거나 아니면 결혼하는 일이었다. 프랑스 대혁
명 있은 지 100년이 지났지만 여전히 교회의 힘은 막강해서 수도원은
일자리는 물론 결혼도 알선했다.

1901년, 샤넬은 수도원의 주선으로 물랭의 한 기숙학교에 들어갔다. 프랑스 정중앙에 있는 물랭은 기병부대가 주둔하고 있는, 상업이 발달한 도시였다. 젊은 군인들이 많다 보니 카페, 극장, 뮤직홀 등이 번성했다. 물랭의 극장과 뮤직홀에서는 파리에서 유행이 지난 공연물이 올려지곤 했다.

샤넬은 기숙학교를 다니며 양장점에 보조양재사로 들어갔다. 고아원에서 배운 바느질 기술을 살릴 수 있는 기회였다. 샤넬은 옷 만드는 데 관심이 있었지만 실밥을 뜯고 재봉질을 하는 게 답답하게만 느껴졌다. 외모에

가브리엘은 카페 라 로통드에서 〈코코가 트로카데로에서 누구를 만났기에?〉를 불렀다.

자신이 있던 열아홉 처녀의 꿈은 다른 곳에 있었다. 가수가 되어 주목받는 삶을 살고 싶었다. 샤넬은 음악카페 '라 로통드'의 무대에 서는 기회를 잡았다. 군인들은 샤넬의 미모에 열광했다. 우수에 젖은 눈빛, 갈색 머리, 긴 목, 가녀린 몸매. 풍만한 몸매는 아니었지만 신비한 향기를 내뿜었다.

샤넬이 라 로통드에서 부른 레퍼토리는 파리에서 유행한 노래 〈코코 리 코(Ko Ko Ri Ko)〉였다. 하지만 그녀는 목소리와 가창력에 한계가 있었다. 가수의 꿈은 한 번의 시도로 끝났지만 한 가지 소득은 있었다. 군인들이 그녀에게 '코코'라는 애칭을 붙여준 것이다. 가브리엘 샤넬은 훗날 '코코 샤넬'로 불린다.

모자와 옷을 만들다

사람의 인생을 변화시키는 것은 사람과 사건이다. 언제 누구를 만나고 어떤 사건을 접하느냐에 따라 사람의 운명은 서서히 방향을 틀어간다. 가수의 꿈을 접은 샤넬은 양장점에서 일하게 된다. 양장점에서도 군인들에게 인기는 지속되었다. 장교들이 그녀에게 일거리를 가져다주었다. 이 과정에서 장교 에티엔 발장과 알게 된다. 에티엔 발장은 샤넬이 음악카페에서 노래를 부를 때 샤넬에 환호한 장교들 중 한 사람이었다.

장교 복무를 마치고 전역한 발장은 1904년 파리 북쪽의 루아얄리외에 매물로 나온 성을 사들인다. 그는 평생을 여행과 파티를 즐기며 써도 될 만한 유산을 받았다. 그의 관심은 오로지 말이었다. 말을 사육하고 말을 타는 것에 탐닉했고, 밤마다 와인파티를 여는 게 즐거움이었다. 아마추어 기수이기도 한 발장은 경주대회에 출전해 입상하는 것

루아얄리외 성

이 인생 최고의 목표였다. 발장이 루아얄리외 저택을 사들인 것은 그곳에 말을 타기에 좋은, 넓은 목초지와 마구간이 있었기 때문이다.

발장은 루아얄리외로 가면서 샤넬을 제자로 데려간다. 태어나서 프랑스 중부 지방을 계속 떠돌던 샤넬이 마침내 파리와 인접한 곳까지 진출하게 된다. 발장은 그녀에게 방 하나를 내주었다. 그녀는 난생 처음 무위도식하는 호강을 누렸다. 일어나고 싶을 때

루아얄리외에서
발장(오른쪽)과 함께

일어났고, 하루 종일 아무것도 하지 않아도 누가 뭐라고 하는 사람이
없었다.

　이쯤 되면 누구나 샤넬이 발장의 애인이라고 생각할 것이다. 그런데
두 사람은 남녀관계로 발전하지는 않았다. 그녀가 발장을 친구 이상으
로 대하지 않았기 때문이다. 루아얄리외 저택에 초대되는 발장의 지인
들은 대부분 파리 출신이었는데, 이들은 하나같이 애인을 데리고 와서
밀회를 즐겼다.

　샤넬은 루아얄리외 시절 여러 장의 사진을 남겼는데, 대부분 말을
타고 있는 사진이다. 그녀는 이때 이미 모자와 의상에서 다른 여성들과
확연히 두드러졌다. 그녀가 직접 디자인하고 만든 것들이었다.

　샤넬은 승마를 하면서 바지의 편리함을 절감했다. 승마 바지의 편
리성을 그대로 일상생활에도 확장시켰다. 양복점에 승마 바지를 들고

**루아얄리외에서
아서 카펠과 함께**

가서 똑같은 형태의 바지를 만들어달라고 주문했다. 여자 바지를 만들어보기는 커녕 상상조차 해본 일이 없는 재단사는 기겁했다.

당시 여자들 대부분은 장식이 많은 챙 넓은 모자를 쓰고 허리를 잘록하게 보이도록 몸을 꽉 조이는 코르셋을 착용한 채 신발 끝이 보일까 말까 한 긴 치마를 입었다. 이런 옷차림으로는 거동이 몹시 불편했다. 남자가 옆에서 손을 잡아주거나 남자의 팔짱을 껴야만 걸을 수 있었다. 이런 시대에 그녀는 승마할 때나 입는 바지를 일상에서도 입고 다녔다.

1908년, 샤넬은 루아얄리외를 찾아온 발장의 영국인 친구 아서 카펠에게 관심을 갖게 된다. '보이'라고도 불린 아서 카펠은 출생 환경이 비밀에 싸인 부호였다. 폴로 챔피언인 그는 발장과 달리 지적인 인물이었다. 발장은 재력은 있지만 지력을 갖춘 사람은 아니었다. 발장이 사람을 판단하는 기준은 승마 지식이었다. 그는 샤넬에게 잠재된 비범함을 깨닫지 못했다. 그 시대의 남자 대부분이 그랬던 것처럼 발장은 여자가 직업을 갖는다는 것을 감히 생각조차 하지 못했다. 샤넬이 파리로 가서 모자 가게를 차리고 싶다고 얘기했을 때 발장은 이 말을 이해하지 못했다. 그렇지만 우정으로 샤넬을 도왔다. 발장은 파리 시내 말셰르브 가에 아파트를 갖고 있었는데, 샤넬에게 이 아파트에 살면서 모자를 만들어 팔게 해주었다. 발장은 자신의 여자친구들을 손님으로 소개했고, 샤넬의 아파트는 날이 갈수록 손님으로 붐볐다.

자신감을 얻은 샤넬은 정식으로 가게를 열고 싶었다. 말세르브 가 아파트는 주거용이어서 영리활동은 불법이었다. 샤넬은 다시 발장에게 도움을 청했지만 발장은 다른 일로 목돈이 필요했던 터라 이를 거절했다. 이때 보이가 손을 내밀었다. 샤넬에게 호감이 있던 보이는 샤넬에게 가게를 빌리는 데 필요한 자금을 빌려주었다. 돈 많고 매력적인 보이에게는 여자가 끊이지 않았지만 샤넬을 사랑하게 되면서 그는 다른 여자들을 차츰 정리했다.

1910년 말, 샤넬은 캉봉 가 21번지 2층에 정식으로 모자 가게를 열었다. 캉봉 가로 가면서 모든 게 달라졌다. 공간의 이동은 곧 만나는 사람의 변화를 의미한다. 더 이상 고지식한 장교나 말밖에 모르는 기수들을 만나지 않아도 되었다. 샤넬은 보이를 통해 폴로 챔피언인 남자가 지적 호기심이 왕성할 수도 있다는 사실을 경이롭게 깨달았다. 보이는 샤넬에게 니체, 볼테르, 스펜서 등의 책을 권하며 지적 자극을 주고 교양을 쌓게 하려고 노력했다. 보이는 샤넬을 사랑했지만 부지불식간에 튀어나오는 샤넬의 교양 없는 말투가 여간 불편하지 않았던 것이다. 루아얄리외에서 기수들과 어울려 지낼 때는 아무런 문제가 없던 부분이었다. 단적인 예로 그녀는 러시아 발레단의 프로듀서인 세르게이 디아길레프와 작곡가 스트라빈스키를 알지 못했다.

물론 이것은 샤넬의 잘못이 아니었다. 가정교육과 정규교육을 받아본 일이 없는데다 파리의 고급 문화를 접할 기회도 가져보지 못한 채 성장한 샤넬이 아니던가. 샤넬은 보이와 그의 친구들을 통해 무용가 이사도라 덩컨도 알게 되었다. 당시 이사도라 덩컨은 샤를 푸리에(프랑

루아얄리외 시절 아침
에 신문을 읽는 샤넬

스의 공상적 사회주의자) 식의 공동체 생활을 하고 있었다. 이사도라의 집에서 샤넬은 그녀가 다양한 예술가들과 어울려 지내는 것을 보고 지적 충격을 받는다. 이사도라가 민소매 옷 아래로 젖가슴을 드러낸 채 춤을 추는 장면도 보았다. 수도원에서 성장한 그녀에게 이사도라의 춤은 거북하기도 했지만 춤을 배우고 싶다는 욕망을 일깨웠다.

이로 인해 샤넬은 무용가 카리아티스를 만나게 된다. 두 사람은 어린 시절 수도원에서 지냈다는 공통점으로 인해 급속히 가까워진다. 카리아티스와 마음을 나누는 사이가 되면서 샤넬은 예술가의 정신세계에 대해 눈뜨기 시작했다. 배가 고파도 행복해 하는 사람들이 존재한다는 사실을.

1911년, 이름이 같은 연극배우 가브리엘 도르지아를 알게 된 것 역시 행운이었다. 도르지아는 모파상의 소설을 연극으로 만든 〈멋진 친구〉에서 여주인공 역을 맡았다. 샤넬을 좋아한 도르지아는 그녀에게 한 가지 약속을 했다. 파리에서 가장 유명한 디자이너였던 두세의 의상을 입고 모자는 샤넬이 디자인한 것을 쓰겠다고. 도르지아가 선택한 두 개의 모자는 아무런 장식이 없는 것이었다. 그런데 이 모자가 화려한 의상과 절묘하게 어울렸다. 관객들은 비로소 장식 없는 단순한 모자도 아름다울 수 있다는 사실을 알게 되었다. 이것은, 패션에서 화려함의 시대가 가고 단순함의 시대가 도래한다는 것을 의미하는 사건이었지만 당시에는 누구도 이를 감지하지 못했다.

여기서 우리는 1911년 합스부르크 제국의 수도 빈으로 잠깐 시선을 돌릴 필요가 있다. 같은 해에 건축사의 대사건이 빈에서 발생했다. 건축가 아돌프 로스는 호프부르크 궁전의 코 앞, 즉 미하엘러 광장에 아무런 장식이 없는 주상복합건물 로스하우스를 준공했다. 연극무대에 데뷔한 샤넬의 장식 없는 모자는 나비의 날갯짓처럼 잔잔한 파동이었지만 로스하우스는 빈 사회를 거대한 소용돌이로 몰아넣었다. 단순함의 미학이 물결을 일으키기 시작한 것이다.

도빌의 부티크

1913년 샤넬과 아서 카펠을 풍자한 그림 (사진 제공 샤넬사)

1913년 프랑스가 영국과 동맹을 맺자 국경을 맞댄 독일은 영불동맹이 독일에 대한 공개적인 위협이라고 판단했다. 프랑스와 독일 사이에 전운이 감돌기 시작했다. 이런 기류에 예민하게 반응한 이들은 부유층이었다. 파리의 상류층 인사들은 노르망디의 휴양도시 도빌로 몸을 피했다. 보이도 샤넬과 함께 도빌로 갔다.

샤넬은 보이의 도움을 받아 도빌 중심가 공토비롱 가에 부티크를 열었다. 샤넬은 가게의 하얀색 차양에 검정색 글씨로 '가브리엘 샤넬'이라고 썼다. 한편 사업가적 혜안이 뛰어났던 보이는 모로코의 카사블랑카를 영국의 석탄 수입항으로 만들겠다는 계획을 세우고 전략적 투자를 해나갔다. 그는 매물로 나온 석탄 운반선을 한 척씩 사들였다. 남들이 보면 엉뚱한 곳에 투자하는 무모한 행위로 보였다.

샤넬이 부티크를 열고 얼마 지나지 않아 고모 아드리엔이 도빌에 왔다. 아드리엔은 부티크에서 '모델' 역할을 맡았다. '모델'이라고 표현한 것은 당시에는 모델이라는 개념 자체가 존재하지 않던 시절이기 때문이다. 샤넬은 늘씬한 아드리엔에게 자신의 모자와 의상을 입게 하고 부유한 상류층 인사들이 즐겨 다니는 해변 목재 데크를 걷게 했다. 옷맵시가 좋은 아드리엔은 금방 상류층 인사들의 눈길을 사로잡았다. 그들은 '모델'을 따라 이끌리듯 부티크로 몰려왔다. 샤넬은 '모델'이 손님을 끌어들이는 데 유용한 역할을 한다는 것을 깨달았다. 그녀는 여동생 앙투아네트도 도빌로 오게 했다. 아드리엔과 앙투아네트는 최초의 부티크 '전속 모델'이 된다. 자태가 아름다운 아드리엔은 반려견을 데리고 해변 데크를 산책하는 것을 즐겼다. 샤넬은 세계 최초로 모델을 창조한 인물이 되었다.

도빌의 샤넬 가게 앞에서 고모 아드리엔(왼쪽)과 함께(사진 제공 샤넬사)

샤넬이 최초로 자기 이름을 붙여 가게를 연 곳, 샤넬 제국의 씨앗이 뿌려진 도시 도빌로 걸음을 옮겨보자. 이른 아침 기차역 '생라자르' 역에서 도빌 행 표를 끊었다. 파리에서 가장 번잡한 기차역인 생라자르 역은 에두아르 마네와 클로드 모네의 그림에도 등장한다. 그만큼 파리지엥의 생활 속에 깊숙이 들어와 있다는 뜻이리라. 기차표에는 '도빌-트루빌'이라고 표기되어 있었다. 리세 역에서 갈아타야 한다.

기차가 미끄러지듯 생라자르 역을 빠져나갔다. 노르망디로 가는 내 생애 첫 여행인 동시에 샤넬을 만나러 가는 시간여행이다. 노르망디라는 지명은 2차대전으로 익숙하다. 1944년 연합군이 상륙작전을 벌인 곳이 노르망디다. 노르망디 지방에서도 '도빌'이라는 도시를 내가 처음 알게 된 것은 영화 〈남과 여〉로 인해서였다. 40대 이상은 클로드 를 로슈 감독의 〈남과 여〉의 주제곡과 몇 장면을 잊지 못한다. 각기 배우자와 사별한 상처를 가진 남과 여는 주말마다 도빌의 기숙학교에 있는 자녀와 지내다 파리로 돌아가곤 한다. 그러다 여자가 파리로 가는 마지막 기차를 놓치고 우연히 남자의 자동차를 얻어 타고 가게 되면서 사랑에 빠진다는 줄거리의 영화. 로맨스 흑백영화의 고전 같은 영화다. 해외여행은 꿈도 꾸지 못하던 시절, 남녀의 사랑을 이해하지도 못하던 내게 깊이 각인된 영화가 바로 〈남과 여〉였다.

기차는 파리시 경계선을 벗어나 북서쪽으로 내달렸다. 평원이 끝없이 펼쳐진다. 야트막한 구릉조차 보이지 않았다. 차창 밖으로 초원과 밀밭이 교대로 나타났다가 순식간에 뒷걸음질 친다. 드문드문 과수밭과 소목장도 보였지만 이내 사라졌다.

리세 역에서 승객 대부분이 내렸고, 나는 완행열차로 바꿔 탔다. 완행열차는 아까보다 훨씬 더 목가적인 풍경 속으로 이방인을 안내한다. 첫 번째 역은 승강장조차 없이 철길만 있는 아주 작은 간이역이었다. 흙길 위에 멈춰 일단의 승객을 내린다. 마치 영화 〈아웃 오브 아프리카〉에 등장하는, 플랫폼도 역사도 없는 들판 위의 기차역처럼. 10분쯤 지나 두 번째 역에 이르러 기차는 속도를 늦췄다. 도빌이었다.

일단 역사 바깥으로 나갔다. 역사 바깥 지붕 앞에 '도빌-트루빌'이라고 적힌 현판이 보였다. 도빌에서 첫 번째로 맞닥뜨린 것은 정박한 요트들이었다. 요트를 보는 순간, 오래된 휴양지에 왔다는 실감과 함께 해방감이 파도처럼 밀려왔다. 중심가 방향으로 길을 잡은 뒤 지나가는 노신사에게 말을 걸었다. 샤넬이 부티크를 연 공토비롱 가를 찾아가는데 혹시 아느냐고. 운이 좋았다. 노신사는 그곳을 알고 있으니 자신을 따라오라고 했다. 나는 도빌의 낯선 도로를 따라 걸었다. 왼편에 아담한 호텔이 보였는데, 외벽에 시인 기욤 아폴리네르가 이 호텔에 묵었다는 내용을 기록한 플라크가 붙어 있었다.

처음 가는 길은 어디나 낯설어 실제보다 멀게 느껴진다. 도심으로 접어들수록 분위기가 달랐다. 건축에 문외한인 사람의 눈에도 도빌의 건축물이 파리의 그것과는 차이가 있다는 게 확연히 느껴졌다. 홍차의 빛깔 같다고나 할까. 영국풍이 진하게 느껴졌다. 그러고 보니 도빌은

도빌 바닷가의 그림 같은 풍경

옛 공토비롱 가. 현재
는 루시엥 바리에르 가
로 이름이 바뀌었다.

오래 전부터 영국 귀족의 휴양지로 유명하지 않았던가. 더 거슬러 올라
가면 영국이.노르망디 지역을 지배했었다.

영국풍 건축물은 더 구체적으로 말하면 빅토리아 시대 양식이었다.
도로의 건물들은 층수가 고만고만했다. 주변과 어울리지 않는 이상한
건물은 없었다. 빅토리아 양식의 건축물에 연신 탄성을 지르며 걷다 보
니 작은 원형 광장이 나타났다. '입생 로랑' 광장이다. 광장 오른편에
바다로 난 넓은 길이 보인다. 공토비롱 가였다. 그 길로 들어서자마자
노신사가 걸음을 멈췄다. "바로 여기예요."

샤넬의 부티크는 빅토리아 양식의 건물과 건물 사이에 끼어 있는 작
은 건물이었다. 너무 작아서 자칫 지나칠 수도 있었다. 사진에서 보던
것과는 크게 차이가 났다. 안으로 들어가면 공간이 넓은지 모르겠지만
적어도 파사드는 그랬다. 반투명 유리 창문에 'CoCo Chanel'이 쓰여 있
고, 차양이 넓은 모자를 쓴 샤넬의 얼굴이 캐리커처로 그려져 있었다.

'마드무아젤 샤넬'이라는 표기도 눈길을 끌었다. 그렇다. 결혼한 적이 없으니 샤넬은 마담이 아니었다.

역사적인 장소를 지나 바다를 보기로 했다. 공토비롱 거리가 끝나는 지점에 제법 넓은 광장이 있었다. '클로드 를로슈' 광장이다. 프랑스와 영국의 상류층이 아닌 세계의 보통 사람들이 도빌을 어찌 알겠는가. 누가 뭐래도 도빌을 세계에 알린 사람은 〈남과 여〉의 클로드 를로슈였다. 광장에 그의 이름을 부여한 것은 최소한의 감사 표시가 아닐까.

도빌 해변은 세계적인 휴양지임에도 인파로 북적대지 않았다. 노르망디의 작열하는 햇살을 받으며 모래밭이 황금빛으로 넘실거렸고, 그 너머로 짙푸른 수평선이 하늘과 맞닿아 있었다. 양옆으로 그 유명한

도빌의 샤넬 가게

나무 데크가 끝없이 이어졌다. 샤넬이 자주 걸었던 나무 데크! 화려한 드레스를 입은 귀족들이 모래사장을 불안한 걸음걸이로 걷지 않고도 언제든지 모네의 '양산을 든 여인'이 되어 해변을 감상할 수 있게 배려한 시설물이다. 지금은 도빌 해수욕장만의 특색이자 상징으로 자리잡았다.

눈을 감으니 영상 하나가 흑백영화처럼 떠오른다. 넓은 챙과 깃털 장식이 달린 모자에 화려한 레이스가 달린 드레스 차림의 귀족 여성들이 프록코트를 입고 중산모를 쓴 남성들의 팔짱을 낀 채 콩토비롱 가를 향해 걸어

도빌 바닷가의 나무 데크

가고 있다. 그들의 앞으로는 옷맵시가 멋진 여성이 걷고 있었다. 귀족 남성과 여성들은 조금 거리를 둔 채 호기심에 가득한 눈으로 이 여성의 뒤를 쫓고 있다.

일인자가 되다

샤넬은 보이와 결혼하고 싶었다. 부티크를 찾는 손님은 나날이 늘어갔지만 한편으로는 결혼을 통해 정신적인 안정을 찾고 싶었다. 어린 시절 한 번도 느껴본 적 없는, 그래서 간절했던 화목한 가정. 하지만 보이는 달랐다. 아버지를 모른 채 성장한 보이는 출생 콤플렉스가 무의식으로 작용했다. 엄청난 재력을 갖춘 그였지만 출생 배경을 감추기 위해 권력에 대한 야망을 더욱 키워나갔다. 당시 정계의 실력자였던 조르

주 클레망소와 의기투합했다.

보이는 샤넬을 사랑했지만 결혼상대로는 귀족 신분의 여성을 택했다. 샤넬은 보이가 자신을 사랑하고 있다는 것을 알았기에 더욱더 절망했다. 보이는 결혼과는 상관없이 샤넬과의 관계가 지속되기를 원했다. 샤넬은 보이를 독점하겠다는 욕망을 접고 불완전한 사랑에 만족하기로 한다. 사랑하는 남자와의 결혼에 실패한 샤넬! 그녀에게 남은 것은 일밖에 없었다.

세상은 샤넬 편이었다. 1차 세계대전이 터졌다. 프랑스는 총동원령을 내렸고, 남자들은 기꺼이 조국의 부름에 응했다. 언제나 그렇듯 전쟁은 세상을 하루아침에 변화시킨다. 100년이 걸려야 겨우 변하는 것들을 전쟁은 단숨에 바꿔놓는다. 전쟁은 실용과 실질을 숭상하고 허영과 허위를 폐기한다. 전방에서 날아드는 전사자 소식에 후방의 여자들은 자신을 억눌러온 도덕과 윤리의 무거운 갑옷을 기꺼이 벗어던졌다. 언제 죽을지 모르는데 그깟 관습과 인습이 무슨 소용이란 말인가. 여자들은 남자의 통제에서 벗어나 자유를 구가하기 시작했다.

의식 변화는 패션에서 먼저 나타났다. 샤넬은 화려함이 여성적인 매력이라는 수백 년 된 고정관념에 도전했다. 편안함과 자연스

헐렁한 스타일의 샤넬 드레스

러움이 결코 여성적인 매력을 감소시키지 않는다고 확신했다. 헐렁한 스타일의 옷에서는 수백 년 간 여성의 신체를 옥죄어온 코르셋을 착용할 필요가 없어졌다. 또 샤넬은 바닥에 끌렸던 치마를 발목 위까지 드러나게 했다. 마침내 여자들은 발끝을 보이기 시작했다. 구두가 패션의 영역으로 성큼 들어왔다.

샤넬은 노르망디 어부들이 입던 옷에서 영감을 얻어, 당시 패션계에서 사용하지 않던 편물 소재로 외투를 만들었다.

1915년, 전선에서 파리로 휴가 나온 군인들은 거리를 걸으며 깜짝 놀라 눈을 의심했다. 여기가 파리가 맞나! 언제부터 여자들이 이렇게 변했을까! 거리를 활보하는 여자들이 발목을 드러냈던 것이다. 프랑스 상류사회의 관습과 유행은 전쟁의 포연 속에 속절없이 붕괴되었다. 여성들은 샤넬이 창조한 패션의 혁명을 거리낌 없이 수용했다. 1916년 봄, 샤넬은 파리에서 300명의 직원을 둔 디자이너로 우뚝 섰다. 파리 패션계의 일인자가 되었고, 보이에게 빌린 돈도 모두 갚았다.

전쟁이 장기화되면서 군수산업 가동이 전쟁의 승패를 좌우하게 되었다. 무엇보다 군수공장에 석탄을 안정적으로 공급하는 일이 중요해졌다. 프랑스 정부는 보이의 석탄 운반 선단(船團)에 도움을 요청했다. 보이는 전쟁 기간 동안 천문학적인 돈을 벌었다.

사업에 성공했지만 사랑에 실패한 샤넬. 그 어떤 사업적 성공도 깊고 깊은 밤의 외로움을 대신해줄 수는 없었다. 사랑 없이 살지 못하는 샤넬은 자신의 별장으로 남자들을 불러들였다. 보이보다 더 젊고, 더 잘생긴 남자를 탐닉했다. 그렇게 봄이 오고 가고 겨울이 또 오고 갔다.

1917년의 샤넬

1919년 12월 22일, 크리스마스 시즌이었다. 보이는 운전기사가 모는 차를 타고 파리에서 칸으로 가고 있었다. 보이의 아내는 미리 칸에 내려가 남편을 기다리고 있었다. 자동차가 칸에 거의 이르렀을 때였다. 갑자기 타이어가 폭발하면서 자동차가 절벽을 들이받고 불이 붙었다. 보이는 자동차를 빠져나오지 못한 채 운전기사와 함께 현장에서 즉사했다.

보이의 사망 소식이 파리에 전해진 것은 자정 무렵. 보이의 친구들은 한자리에 모여 대책을 숙의했다. 샤넬에게 비보를 전하기로 결론을 내렸다. 보이의 친구 라보르드가 샤넬의 집으로 갔다. 새벽에 울린 초인종 소리에 집사 조제프는 꼭두새벽의 방문이 좋지 않은 소식임을 직감했다. 곧이어 샤넬이 머리카락이 헝클어진 채로 실내복을 입고 2층에서 내려왔다. 라보르드는 샤넬에게 사망 사실을 숨긴 채 보이가 교통사고로 중상을 입었으며 상태가 심각하다고 알렸다. 샤넬은 이 말을 알아들었다. 얼굴이 순식간에 일그러졌다. 샤넬은 소파에 털썩 주저앉았다. 한동안 아무 말이 없었다. 납덩이같은 침묵이 거실에 흘렀다. 얼마 후 샤넬은 2층 침실로 올라가 외출복으로 갈아입고 내려왔다.

샤넬은 라보르드에게 사고 현장으로 데려다 달라고 했다. 파리에서 칸까지는 900여 킬로미터. 쉬지 않고 18시간을 달려야만 겨우 도착할 수 있는 거리였다. 중간에 휴식을 취하면서 칸에 도착했을 때는 다음 날 새벽 세시였다. 샤넬은 수소문 끝에 보이의 여동생 베르타를 만났지만 보이는 이미 입관이 끝난 상태였다. 샤넬은 호텔 로비에서 날이 밝기만을 기다렸다. 날이 밝자 운전기사만 데리고 사고 현장으로 달려갔다. 운전기사는 사고 현장에 도착한 뒤 샤넬이 보인 행동을 다음과 같이 증언했다.

"그녀는 반쯤 타버리고 엉망으로 찌그러져 갓길에 치워진 보이의 자동차를 한 바퀴 둘러보았습니다. 그리고는 차체를 마치 장님처럼 천천히 더듬더듬 만져보았습니다. 마침내 보도 위에 털썩 주저앉아 고개를 떨어뜨리고 몇 시간 동안 통곡했습니다."(에드몽드 샤를 루,《코코 샤넬》)

디아길레프와의 만남

보이가 사고를 당하기 3개월 전, 샤넬은 캉봉 가 21번지의 좁은 가게를 정리하고 31번지에 새로 문을 열었다. 31번지에서 샤넬은 패션 디자이너로 다시 태어났다. 1~2층은 의상실로, 4층은 작업실로 사용했다. 3층은 개인적인 공간으로 손님을 만나거나 인터뷰 하는 장소로 사용했다. 하지만 샤넬은 이곳에 침실을 두지 않았다. 주중에는 리츠 호텔에서, 주말에는 파리 근교에 마련한 별장에서 묵었다.

보이를 비명에 보낸 후 한동안 샤넬은 슬픔의 황야에서 휘청거렸다. 그녀는 별장 실내 전체를 검은색으로 바꿨다. 심지어는 침대 시트까지 블랙으로 교체하기도 했다. 지인들은 그런 샤넬을 옆에서 그저 지켜봐야만 했다.

얼마 후 그녀는 별장을 가르슈 언덕으로 옮겼다. 공간 이동을 통해 일상으로 복귀한다는 메시지였다. 집사 부부인 조제프와 마리, 그리고 반려견 아홉 마리도 이사에 동행했다. 반려견 중에는 보이가 선물한 개들도 있었다. 가르슈 언덕 별장은 곧 젊은 예술가들의 사랑방이 되었다.

파리에서 주목받는 예술가인 스트라빈스키, 장 콕토, 장 그리, 로렌스 등이 이곳을 찾았다.

샤넬은 어떻게 보이를 잃은 슬픔에서 벗어날 수 있었을까. 샤넬 연구자들은 폴란드 출신의 여성 미시아를 주목한다. 1919년 샤넬이 미시아를 만났을 때 그녀는 스물한 살이었다. 미시아는 폴란드의 유명 조각가의 딸로, 미의 여신으로 불렸다. 미시아는 몽마르트 시인과 화가들의 로망이었고, 실제로 여러 시인과 화가들의 작품에 모델로 등장했다. 에두아르 뷔야르, 보나르, 로트레크 등이 미시아를 모델로 세운 인상파 화가들이다.

미시아를 모델로 한
《르뷔 블랑슈》의 포스터

샤넬은 미시아를 처음 보는 순간부터 그녀의 매력에 빠져들었고, 이후 마음을 나누는 친구가 되었다. 미시아는 슬픔의 장막에 갇혀 있는 샤넬을 세상 속으로 이끌었다. 미시아는 나이트클럽 '지붕 위의 황소'로 샤넬을 자주 데리고 가곤 했다. 미시아는 샤넬을 통해 여러 예술가들을 만나게 되었다. 두 번째 남편과 이혼한 미시아는 결혼을 전제로 미술품 수집가 세르트를 사귀고 있었다. 샤넬은 세르트를 통해 러시아 출신 인사들을 알게 된다. 그 중 한 사람이 세르게이 디아길레프였다.

《페테르부르크가 사랑한 천재들》에서 나는 디아길레프를 탐구 대상으로 놓고 고민하다가 그의 활동 무대가 파리라는 이유로 제외했었다. 그런데 뜻밖에도 그가 샤넬의 삶 속에 들어와 있었다.

디아길레프는 파리에서 선풍적인 인기를 모으던 러시아 발레단 발레뤼스의 대표이자 프로듀서였다. 디아길레프는 작곡가 스트라빈스키와 함께 발레극 〈불새〉, 〈페트루슈카〉, 〈봄의 제전〉을 만들었다. 샤넬과 디아길레프와의 만남은 개인적인 차원을 뛰어넘는 일대 사건이었다. 그것은 샤넬에게 '제정 러시아'와의 대면이었고, 샤넬의 인생에 어떤 영향을 미칠지는 누구도 상상하지 못했다.

세르게이 디아길레프

샤넬은 미시아의 제안으로 이탈리아 베니스로 여행을 떠난다. 미시아는 세 번째 남편 세르트와 동반했다. 샤넬은 박물관 대신 베니스의 일상을 탐색하는 데 시간을 보내면서 베니스의 정취에 흠뻑 취했다. 저 유명한 플로리안 카페에서 레몬 아이스크림을 맛보았고, 곤돌라가 쉼 없이 오가는 운하를 내려다보며 만찬을 즐겼다.

마침 디아길레프도 베니스에서 휴가를 보내고 있었다. 디아길레프는 제정 러시아의 마지막 황제 니콜라이 2세의 숙모이자 대공 부인인 파블로나와 식당에서 식사를 하던 중 우연히 샤넬 일행과 마주쳤다. 파블로나는 디아길레프가 상트 페테르부르크 러시아 왕립극장에서 일할 때부터 그를 후원해 왔던 인물로, 1917년 볼셰비키 혁명 때 기적적으로 목숨을 건졌다. 파블로나는 러시아를 탈출하면서 재산을 대부분 놓고 나와 더 이상 예술가를 후원할 형편이 아니었다. 디아길레프는 〈봄의 제전〉 재공연과 관련한 제작비 문제로 고민이 많을 때였다.

샤넬과 디아길레프는 각각 베니스 휴가를 끝내고 파리로 돌아왔다. 디아길레프는 여전히 제작비를 해결하지 못하고 있었다. 어느 날 디아길레프가 장기 투숙하는 호텔방으로 "가브리엘 샤넬이 잠깐 만나고 싶어 한다"는 메모가 전달되었다. 이름이 익숙한데 가브리엘 샤넬이 누구지? 디아길레프는 고개를 갸웃거리면서 호텔 라운지로 내려갔다. 그는 샤넬이 베니스에서 만난 미시아의 친구라는 것을 알았다. 샤넬은 디아길레프에게 뜻밖의 제안을 했다. 제작비를 후원할 테니 대신 누구에게도 말하지 말아 달라고. 그가 건네받은 수표는 발레극을 제작하고도 남을 거액이었다. 디아길레프는 약속을 지켰고, 1921년 개인 비서에게만 이 사실을 털어놓았다.

샤넬과 미시아가 즐겨 찾던 나이트클럽 '지붕 위의 황소'를 가보기로 했다. 콜리세 골목길 34번지에 있다. 지하철 9호선 '생필립 뒤 홀' 역으로 간다. 역에서 나오면 발자크의 장례미사가 치러진 '생필립' 성당이 보인다. 콜리세 골목길은 다행히 관광객의 발길이 닿지 않는 곳에 있다. 나이트클럽 '지붕 위의 황소'는 현재는 고급 레스토랑으로 변신해 있었다. 한적한 골목길에서 '지붕(toit) 위의 황소(boeuf)'라는 상호 그대로. 자동차 한 대가 겨우 다닐 만한 좁은 골목길과 그 길을 지키고 있는 유서 깊은 공간 앞에서 한동안 서성거렸다.

나이트클럽
'지붕 위의 황소'

드미트리와 샤넬 No. 5

샤넬이 파리에서 샤넬 제국을 축조하는 동안 로마노프 왕조의 후손인 드미트리 공작은 바스크 연안 도시 비아리츠에 머물고 있었다. 스페인 국경과 가까운 비아리츠는 1차 세계대전 전화(戰禍)의 무풍지대로 프랑스 귀족과 제정 러시아 귀족들의 피난처였다. 샤넬은 비아리츠에 지점을 열었다.

로마노프 왕조의 후손인 드미트리는 어떻게 비아리츠까지 흘러들었을까. 이것은 라스푸틴 암살 사건과 연관이 있다. 황제 니콜라이 2세는 혈우병을 앓는 아들로 인해 시베리아의 요승(妖僧) 라스푸틴을 최측근으로 두었고, 라스푸틴은 온갖 간계로 황제의 눈과 귀를 막고 있었다. 황제 주변에서는 라스푸틴을 제거하려는 시도가 여러 번 있었지만 번번이 실패했다. 이런 상황에서 드미트리의 도움을 받은 유수포프가 마침내 상트 페테르부르크에서 라스푸틴을 암살하는 데 성공한다. 그때가 1916년 12월 16일이다.

니콜라이 2세는 조카 드미트리가 암살에 연루된 사실을 알고 그를 페르시아로 추방했다. 드미트리는 눈물을 머금고 백야의 도시를 떠나야 했다. 이 추방이 전화위복이 될 줄이야! 1917년 2월 혁명이 일어나 니콜라이 2세는 차르스코에셀로에 연금된다. 이어 10월 볼셰비키 혁명과 함께 황제는 암살되고 황실 가족 역시 비참한 죽음을 맞았다.

샤넬이 드미트리를 처음 만난 것은 비아리츠로 알려져 있다. 샤넬이 종종 그곳을 방문하곤 했으니, 충분히 가능성이 있는 얘기다. 훤칠한 키에 잘생긴, 그러나 깊은 우수에 잠긴 얼굴의 드미트리. 그의 나이 스물아홉이었다.

드미트리는 전쟁이 끝난 뒤인 1919년 파리로 왔고, 보이가 죽고 난

샤넬과 드미트리 대공
(사진 제공 샤넬사)

뒤에 샤넬의 연인이 된다. 샤넬은 별장에서 열한 살 연하의 드미트리와 동거를 시작했다. 샤넬은 드미트리와 사랑하면서 삶의 활력을 되찾았고 새로운 열정을 키웠다.

샤넬이 새롭게 열정을 쏟은 대상은 향수였다. 드미트리를 통해 제정 러시아 황실에서 사용하는 향수에 대한 이야기를 들었고, 제정 러시아의 천재적 조향사 에르네스트 보를 만났다. 이어 향수가 신비한 힘을 불러일으키는 기능을 한다는 사실을 알게 되었다.

샤넬이 새로운 향수 개발에 뛰어들 때까지 프랑스의 향수는 장미, 치자, 재스민 등 여러 가지 꽃을 혼합한 식물성 향수가 전부였다. 이 향수들은 향이 금방 식별이 되었을 뿐 아니라 오래 지속되지 않는다는 게 단점이었다. 샤넬은 향기가 오래 지속되고 오묘하고 신비한 향수를 만들고 싶었고, 향수 개발에 필요한 자금도 충분했다. 제정 러시아 출신의, 최고의 향수 기술자는 80가지 혼합물을 넣어 지구상에 존재하지 않는 향수를 만드는 데 성공했다. 샤넬은 새 향수를 '샤넬 No. 5'라고 명명했다. 여기에는 샤넬이 숫자 5를 행운의 숫자로 좋아했다는 사실 외에도 조향사가 제시한 5가지 향수 중 다섯 번째 것을 선택했다는 의미가 담겨 있다.

새로운 향기를 담는 향수병도 역시 세상에 존재하지 않는 새로운 디자인이었다. 향수병은 평행 육면체의 투명한 크리스털 병이다. 그전까지 향수병은 여러 가지 꽃 장식으로 화려했던 반면 '샤넬 No. 5'는 아무런 장식이 없다. 이런 향수병 디자인은 모자에 장식을 없애고 의상을 입기 편하게 디자인한 샤넬 철학의 연장선상에 있었다. '샤넬 No. 5'가 나오자 순식간에 다른 향수병들은 진부하게 보였다. 투명한 향수병은 그 안에 담긴 황금빛 액체를 더욱 돋보이게 했다. 세계 여성을

샤넬이 개발한 향수
샤넬 No. 5(by Sem)

관능의 늪에 빠지게 한 '샤넬 No. 5'는 이렇게 탄생했다. 프랑스의 자유정신과 제정 러시아의 사치와 허영이 융합해 세상에 없던 '샤넬 No. 5'가 태어난 것이다. '샤넬 No. 5'는 시판되자마자 날개 돋친 듯 팔렸다.

샤넬이 드미트리와 함께 한 시간은 2년여. 드미트리는 샤넬을 사랑했지만 나이가 많은 샤넬을 결혼상대로 생각하지는 않은 듯하다. 드미트리는 샤넬과 헤어진 뒤 오드리 에머리라는 젊은 미국인 부호와 결혼했다. 하지만 드미트리는 1942년 눈을 감을 때까지 샤넬과 우정을 이어갔다.

장 콕토와 피카소

사람의 운명은 결국 어떤 사람을 만나느냐에 따라 바뀐다. 디아길 레프와의 만남은 결과적으로 샤넬 제국에 '향수'라는 알바트로스의 날 개를 달아주었다.

디아길레프는 발레를 제작하는 틈틈이 연극도 만들었다. 발레와 연 극은 극본, 음악, 미술, 발레, 패션 등이 한데 어우러져 창조되는 종합 예술. 디아길레프는 1922년 연극 〈안티고네〉를 제작해 아틀리에 극장 에 올렸다. 〈안티고네〉는 알려진 대로 소포클레스의 비극이다. 오이디 푸스 왕과 오이디푸스 왕비 사이에 태어난 딸이 안티고네다. 오이디푸 스 왕비가 누구인가. 소포클레스의 비극 〈오이디푸스 왕〉을 기억하는 독자라면 알 것이다. 오이디푸스가 자신의 어머니와 관계를 해서 태어 난 딸이 바로 안티고네다. 안티고네는 근친상간에 의해 태어난 비극적 운명의 상징이다.

디아길레프는 〈안티고네〉를 제작하며 샤넬에게 무대의상을 맡겼다. 시인 겸 극작가 겸 연출가 장 콕토가 〈안티고네〉를 각색했다. 무대장 치는 파블로 피카소가 맡았다. 피카소가 41살, 장 콕토가 33살, 그리고 샤넬이 39살이었다. 1922년 12월 막을 올린 〈안티고네〉는 대성공을 거 뒀다. 장 콕토는 고전을 현대적으로 재해석해 무대에 올린 최초의 극 작가다. 그는 고전에 대한 자신의 생각을 이렇게 정리했다.

"고전은 녹으로 뒤덮여 있지만 절대로 시들지 않는 젊음을 간직하 고 있다. 나는 〈안티고네〉에서 이 녹을 걷어냈을 뿐이다."

연극 〈안티고네〉의 흥행과 함께 주목을 받은 이는 뜻밖에도 의상을 맡은 샤넬이었다. 장 콕토 역시 이 점을 의식하고 광고에 이렇게 썼다. "나는 마드무아젤 샤넬에게 의상을 부탁했습니다. 왜냐하면 샤넬은 우리 시대의 가장 위대한 의상 디자이너이기 때문입니다. 오이디푸스의 딸들이 멋진 옷을 입지 못한다는 것을 나로서는 상상할 수 없습니다."

20세기의 천재들이 머리를 맞대며 작품을 올린 아틀리에 극장으로 가보지 않을 수 없다. 옛 이름이 몽마르트 극장이었다는 사실에서 유추할 수 있는 것처럼 이 극장은 몽마르트 지역에 있다. 지하철 2호선 앙베스 역에서 내려 찾아가는 방법도 있고, 몽마르트 언덕 위의 사크레 쾨르 성당을 둘러보고 천천히 내려와 찾아가는 방법도 있다.

사크레 쾨르 성당 쪽에서 내려온다면 당쿠르 길을 따라 오른쪽으로 길을 잡는다. 조금 걷다 보면 아담한 '샤를 뒤랑' 광장이 나타나고 곧이어 아틀리에 극장이 보인다. 처음에는 너무 작고 소박해서 이게 그 유서 깊은 아틀리에 극장이 맞나 싶었다. 처음 지어질 때 모습 그대로였다. 극장 로비 역시 외관처럼 좁고 검박하기 짝이 없었다. 눈을 씻고 찾아봐도 새것은 하나도 없었다. 모든 게 낡고 오래된 흔적뿐이었다. 내가 방문했을 때는 마침 소설가 플로베르의 작품이 공연 중이었다.

샤넬은 1923년부터 1937년까지 디아길레프가 제작하고 장 콕토가 각색하고 연출한 연극 〈푸른 기차〉, 〈오이디푸스 왕〉, 〈원탁의 기사〉에서 계속 무대의상을 맡게 된다. 이 중에서 특기할 만한 작품은 〈푸른 기차〉. 발레극보다는 오페라타에 가까운 연극이었다. 1923년 개통한, 파리에서 프랑스 남부 코트다쥐르를 오가는 직통

아틀리에 극장

열차가 '푸른 기차'다. 디아길레프는 안무를 안무가 겸 무용수 바츨레프 니진스키에게 맡겼다(디아길레프와 니진스키는 동성연인 관계였다). 무대장식과 막은 피카소가 맡았다. 샤넬은 의상을 책임졌다. 피카소는 디아길레프의 열정에 매료되어 항상 그가 원하는 것 이상으로 해냈다. 그런데 극작가이면서 연출을 맡은 장 콕토와 안무가 니진스키가 안무를 놓고 자주 마찰을 빚곤 했다. 다른 스태프와 배우들은 두 사람의 불협화음을 불안한 눈으로 바라보았다. 과연 예정대로 막이 오를 것인가.

1924년 6월 13일 〈푸른 기차〉 초연이 샹젤리제 극장에서 막을 올렸다. 〈푸른 기차〉는 관객과 평단으로부터 호평을 받았다. 안무가와 극작가 사이의 갈등은 언제 그랬냐는 듯 눈 녹듯 사라졌다. 이제 〈푸른 기차〉가 상연된 샹젤리제 극장을 찾아가 보자.

연극 〈푸른 기차〉의 개막 공연날. 가운데가 장 콕토이고 맨 오른쪽이 니진스키. 〈푸른 기차〉의 의상 역시 샤넬이 맡았다.

9호선 '알마 마르소' 역에서 내려 몽테뉴 대로 쪽으로 길을 잡는다. 《수상록》의 저자이자 사상가인 미셸 몽테뉴의 이름을 딴 거리다(몽테뉴 대로는 2015년 가을 파리 테러 당시에 주목을 받았다. 파리 참사의 현장이었던 바타클랑 극장이 바로 몽테뉴 대로에 있다). 몽테뉴를 생각하며 몇 걸음 걷다 보면 왼쪽에 샹젤리제 극장이 나타난다. 금박으로 음각한 현판이 햇빛에 반사되어 눈이 부셨다.

샹젤리제 극장은 작곡가 이삭의 기부로 1913년에 준공됐다. 개관 기념공연은 스트라빈스키의 〈봄의 제전〉. 디아길레프가 기획하고 니진스키가 안무를 짰다. 〈봄의 제전〉은 찬사와 비난이라는 상반된 평가 속에 대성공을 거두었다. 샹제리제 극장은 개관작부터 화제를 불러일으키며 빠른 시간에 주목받는 극장으로 자리잡았다.

나는 무대를 직접 보고 싶었다. 극장 문은 굳게 닫혀 있었다. 극장 관계자는 현재 공연 연습 중이라 무대를 보여줄 수 없다고 했다. 앞서 가본 아틀리에 극장은 연극 전용 소극장이고, 샹젤리제 극장은 오페라 전용 대극장이다.

1924년 6월 13일 오후, 샹젤리제 극장의 모습을 잠시 떠올려보자. 무대

상젤리제 극장

뒤 배우 대기실에서 한 여인이 마루에 철퍼덕 앉아 수영복과 드레스를 고치느라 정신이 없다. 여인은 고개를 처박고 바느질을 하면서 혼자 중얼거리고 있다. 샤넬이다. 샤넬 제국을 건설한 캉봉 가의 여왕이 무용가들과 섞여 실밥을 뜯고 바느질을 하고 있다. 샤넬은 바느질을 하거나 디자인을 할 때면 언제나 혼자 중얼거리는 버릇이 있었다. 이것은 그녀가 완벽하게 몰입하고 있다는 증표였다. 무대 위에서는 장 콕토와 니진스키가 서 있다. 어제까지도 말다툼을 했던 두 사람은 무용수들의 안무와 동선을 점검하고 있다. 피카소는 몇 번씩이나 막을 올리고 내리며 이상 유무를 최종적으로 점검 중이다.

웨스트민스터 공작과의 사랑

샤넬은 언제나 사랑을 갈망했고, 사랑한 사람과 결혼하고 싶어 했다. 웨스트민스터 공작도 그녀의 인생에서 빼놓을 수는 없는 남자다. 그는 '벤더'라는 애칭으로 불렸다. 두 사람은 1924년부터 7년간 공식 연인관계였다.

웨스트민스터 공작은 누구인가. 1879년생인 그는 왕실을 제외하고 영국 최고의 부자였다. 물론 그 부(富)는 선대로부터 물려받은 것이었다. 부동산이 영국 전역에 걸쳐 있어 재산 총액을 추정하기가 불가능했다. 그는 두 척의 범선을 갖고 있었는데, 한 척은 지중해변에 대기하고 있었고, 다른 한 척은 영불해협에 정박해 있었다. 그가 마음만 먹으면 언제든 대서양이나 지중해로 출항할 채비가 끝난 상태. 아침에 구두끈을 매다가 불현듯 대양의 파도가 그리워지면 그대로 항구로 가면 되었다.

태어날 때부터 모든 걸 다 가진 사람, 소위 '금수저를 물고' 태어난 사람이 벤더였다. 이런 사람이 대체로 그러듯 벤더는 사치와 여자를 좋아했다. 동시에 여러 명의 정부를 두기도 했다. 그는 물질적으로 결핍된 게 없었기에 삶을 지루해 했다. 그런 그에게도 트라우마가 있었다. 네 살 때 아버지가 사망하면서 할아버지의 보살핌 속에 성장했고, 가정사도 순탄치 않았다. 두 번의 결혼으로 두 딸과 아들 하나를 얻었지만 아들을 네 살 때 맹장염으로 잃었다. 그의 영원한 콤플렉스는 할아버지였다. 그는 할아버지를 뛰어넘을 수 없다는 사실을 일찌감치 깨달았다. 영국의 최상류 교육을 받은 덕분에 그는 분노를 다스릴 줄 알았고 운동, 사냥, 피크닉 등 야외활동을 좋아했다. 처칠은 웨스트민스터 공작과 오랜 친구였다.

모든 걸 갖춘 벤더였지만 사고방식만큼은 빅토리아 시대에 머물러 있었다. 그의 배우자 조건을 보면 그가 어떤 사람인지를 가늠할 수 있다. 부인은 현모이면서 동시에 침실에서는 정부처럼 요염해야 했다. 또한 자신을 지루하지 않게 언제나 자극을 줄 수 있어야 했고, 자신의 외도를 눈감아줄 수 있을 만큼 관대해야 했다. 또 한 가지, 부인은 자식을 가능한 한 많이 낳아줘야 했다. 그러나 세상에 이런 여자는 존재하지 않는다. 두 번의 결혼 실패가 바로 이처럼 불가능한 조건 때문이었다.

샤넬과
웨스트민스터 공작

샤넬은 벤더의 성(城)인 이튼홀에서 영국 귀족들과 어울리며 자신의 패션까지도 영국풍으로 바꾸었다. 벤더와 함께 지내며 신분이 제공하는 호사를 누렸다. 샤넬은 벤더와 결혼하고 싶었고 그의 아이를 낳고 싶었다. 마흔다섯으로 결코 젊은 나이는 아니었지만 아이를 가지려 안간힘을 썼다. 아이가 생기지 않자 갖가지 민간 비법을 써보기도 했다. 의사로부터 불임이라는 판정을 받고 나서도 샤넬은 결혼에 대한 희망을 포기하지 않았다. 하지만 벤더의 마음이 떠났음을 확인한 샤넬은 파리로 돌아왔다. 얼마 뒤 벤더가 남작의 딸과 약혼했다는 소식을 들었다. 샤넬은 예전처럼 미시아와 함께 보내는 시간이 많아졌다.

샤넬은 장 콕토와 함께 연극 제작에 관여하면서 시인, 작가 등 문인들과 어울릴 기회가 많았다. 샤넬은 문인 친구들을 위해 당시 인기가

리츠 호텔과 방돔 광장　높았던 리츠 호텔에서 만찬을 자주 열었다. 샤넬은 호텔 스위트룸에 장기투숙하며 사실상 집처럼 사용했다. 스위트룸은 방돔 광장을 향해 창이 나 있는, 전망 좋은 방이었다.

　　리츠 호텔의 만찬에 미국 소설가 어니스트 헤밍웨이도 처음 얼굴을 내밀었다. 헤밍웨이를 리츠 호텔 만찬에 처음 데리고 간 작가는 스콧 피츠제럴드였다. 이후 헤밍웨이는 리츠 호텔 만찬에 초대받는 단골 작가가 된다.

　　장 콕토와 샤넬은 연극으로 만나 평생 우정을 나누는 사이가 된다. 글과 그림에서 천재성을 보인 장 콕토는 초상화, 패션 디자인, 시와 에세이를 통해 오랜 기간에 걸쳐 샤넬을 도왔다. 샤넬이 프랑스는 물론 국제 사회에서 합당한 평가를 받게 하는 데 기여했다.

샤넬은 독일 스파이였나?

1939년 독일이 폴란드를 침공하면서 2차 세계대전이 시작되었다. 독일은 한 달 만에 프랑스의 방어선을 격파하고 1940년 6월 파리를 무혈 점령했다.

한스 귄터 폰 딩글라게. 이 독일인은 샤넬의 남성 편력에서 마지막 자리를 차지한다. 딩글라게가 파리에 처음 머문 것은 1928년이었다. 그는 사교에 능한 인물이었다. 운동으로 다져진 단단한 몸매에 춤 솜씨가 탁월했다.

딩글라게가 두 번째로 파리에 나타난 것은 1933년 10월. 파리 주재 독일 대사관 직원으로 자신을 소개하고 다녔는데, 사실은 나치의 스파이였다. 이런 사실을 알 턱이 없던 프랑스 상류사회는 앞다투어 '독일 대사관 직원' 딩글라게를 파티에 초대하곤 했다.

독일이 파리를 점령한 때가 1940년 6월이었고, 파리를 떠났던 샤넬이 파리로 돌아온 것은 8월. 조카가 독일군에 체포되어 감옥에 갇혀 있다는 소식을 들은 직후였다. 이미 리츠 호텔은 독일군이 접수한 상태였다. 스위트룸에 장기투숙하던 샤넬은 독일군의 표적이 되었다. 호텔 측은 독일군의 명령에 따라 샤넬에게 스위트룸에서 나가줄 것을 요구했다. 샤넬은 스위트룸을 비워줄 테니 전망이 안 좋은 작은 방으로 옮기게 해달라는 타협안을 제시했다. 호텔 측은 캉봉 거리가 내려다보이는 작은 방을 제안했다.

샤넬이 문제의 독일 남자를 만나기 시작한 것은 바로 이때였다. 조카를 빼내기 위해 백방으로 독일군과 닿는 연줄을 찾다가 전부터 안면이 있는 딩글라게를 떠올렸다. 샤넬은 그를 만나 조카를 빼내달라고 부탁했지만 곧 그가 그럴 만한 능력이 없다는 사실을 알았다. 이 과정

1937년 리츠 호텔 스위트룸 테라스에서의 샤넬. 뒤로 방돔 탑이 보인다(Photo Schall).

에서 그가 샤넬에게 사랑을 고백하면서 두 사람의 관계가 복잡하게 얽힌다. 샤넬이 열세 살이나 연상이었지만 나이는 아무런 장애도 되지 않았다. 샤넬은 위험한 밀애를 나눴다.

독일군이 파리에 진주한 지 반년이 지났을 무렵, 딩글라게는 샤넬에게 독일군 장교 한 사람을 소개했다. 그가 테오도르 몸 대위였다. 테오도르 대위의 도움으로 샤넬의 조카는 포로수용소에서 석방된다.

이즈음 영국과 독일에는 도버 해협을 사이에 두고 일촉즉발의 긴장감이 감돌고 있었다. 샤넬은 처칠을 만나겠다는 아이디어를 생각해 낸다. 그녀는 처칠을 설득해 양국 수뇌가 협상 자리에 앉기만 하면 전쟁을 피할 수 있으리라는 낭만적인 생각을 했다. 먼저 스페인으로 가서 친분이 두터운 마드리드 주재 영국 대사를 만날 생각이었다. 문제는 프랑스를 벗어날 수 있는 통행증을 독일 당국으로부터 얻어낼 수 있느냐는 것이었다.

테오도르 대위는 이 미션을 가지고 베를린으로 가 정보국 직원 셸렌베르크를 만난다. 독일의 해외 간첩 관리책임자인 셸렌베르크는 이를 히믈러 사령관에게 보고했다. 솔깃한 히믈러는 그에게 전권을 위임했고, 셸렌베르크는 테오도르에게 작전을 승인하며 작전명을 '모자 견본'이라고 명명했다. 셸렌베르크는 샤넬에게 특별 신분증을 발급해 준다.

며칠 뒤 샤넬은 친구 베라와 함께 스페인으로 떠난다. 물론 원래의 목적에 대해서는 함구한 상태로 말이다. 베라를 동반한 것은 처칠이 베라를 좋아한다는 사실 때문이었다. 샤넬은 베라 몰래 영국 대사관으로 갔고, 베라 역시 신변보호를 요청하려 영국 대사관으로 들어갔다. 어색한 상황이 벌어졌고, 영국 대사관은 본국에 샤넬의 방문 내용을 보고했다.

여기서 뜻밖의 변수가 발생했다. 처칠이 독감으로 몸져 누워버린 것이다. 처칠의 모든 공식 일정이 취소되는 사태가 발생했다. 처칠이 병상에서 언제 일어날지 아무도 모르는 상황! 샤넬은 처칠과의 면담을 포기하고 만다. '모자 견본' 작전은 실패로 돌아갔다.

파리로 돌아온 샤넬은 자신을 보는 주변의 시선이 예사롭지 않다는 것을 느꼈다. 샤넬이 정치는 사업과 다르다는 것을 이해하지 못한 해프닝이었다. 이유야 어찌되었든 독일 당국으로부터 협조를 받은 것은 엄연한 사실이었다. 샤넬은 인생에서 가장 힘든 시기를 외롭게 견뎌야만 했다.

1937년의 샤넬
(Photo Man Ray)

노르망디 상륙작전이 성공하고 얼마 뒤 드골 장군은 파리를 해방시켰다. 드골이 병사들과 함께 파리 시민들의 열렬한 환호를 받으며 샹젤리제 거리를 행진했다. 숙청위원회가 구성되었다. 파리 점령 기간 중 독일군에 부역한 이들과 독일군과 연애한 여자들을 적발해 공개적인 처벌을 시작했다.

파리가 해방된 지 2주 뒤, 오전 여덟시 리츠 호텔로 사복 경찰 두 명이 들이닥쳐 샤넬을 연행했다. 하지만 샤넬은 연행된 지 몇 시간 만에 풀려났다. 누군가 샤넬을 구명했다. 훗날 샤넬은 자신을 구해준 사람이 웨스트민스터와 처칠이라는 사실을 알게 된다.

샤넬은 이런 봉변을 당하고 나서 며칠 뒤 황급하게 스위스로 간다.

샤넬과 처칠(오른쪽)

사실상 망명이었다. 스위스를 선택한 데에는 두 가지 이유가 있었다. 스위스에는 애인 딩글라게가 먼저 피신해 있었고, 향수 판매 수익금이 스위스 은행 비밀계좌에 있었다. 스위스에서 두 사람은 부부처럼 행동했다. 아무 걱정 없는 부부로 보였지만 샤넬의 마음은 편치 않았다. '모자 견본' 작전과 연루된 사람들이 입을 연다면 어떤 일이 벌어질지 알 수 없었다. 시간이 흐르면서 관련자들이 하나둘씩 세상을 떠났다.

최근 '국영 프랑스 채널 3'는 다큐멘터리 '의혹의 그림자'에서 샤넬이 F-7124, 코드명 '웨스트민스터'인 스파이라고 보도했다. 샤넬이 나치의 협조를 받았다는 사실은 알려진 얘기였지만 샤넬의 코드번호와 코드명이 밝혀진 것은 이번이 처음이다. 코드명 '웨스트민스터'가 참여한 작전명은 '모자 견본'이었다. 이런 저간의 사정을 모른다면 마치 샤넬이 조국 프랑스를 배신한 것으로 여겨질 수도 있는 대목이다.

패션의 성지

파리에 있는 샤넬의 흔적 중에서 가장 중요한 곳은 캉봉 가 31번지다. 잠은 리츠 호텔 스위트룸에서 잤지만 샤넬이 하루 중 가장 많은 시간을 보낸 곳이 바로 캉봉 가 31번지 주상복합 아파트다.

나는 파리 취재 여행을 앞두고 '캉봉 가 31번지' 방문에 가장 많은 공을 들였다. 이곳만 가볼 수 있다면 샤넬 편은 수월할 거라고 생각했다. 캉봉 가 31번지는 샤넬 브랜드를 소비하는 세계인에게는 성지와 같은 곳이다. 2013년 프랑스 정부는 캉봉 가 31번지를 프랑스 최고 문화유산으로 지정했다.

캉봉 가 31번지 전경

파리의 샤넬 본사는 캉봉 가 취재 요청에 무척 까다로운 절차를 요구했다. 아파트 내부 사진은 찍을 수 없고, 사진은 샤넬 본사가 제공한 것만 사용해야 한다. 이것은 흔히 있는 일이니 사실 별게 아니었다. 더 나아가 방문자들의 이름을 영문으로 요구했고, 구체적인 역할을 명기해 달라고 했다.

약속 시간은 오전 아홉시. 지하철 8, 12, 14호선이 교차하는 마들렌 역에서 내려 캉봉 가 31번지로 걸어갔다. 마들렌 역은 역사 바로 앞에 있는 유서 깊은 마들렌 교회에서 이름을 따왔다. 캉봉 가 31번지까지는 5분 정도가 걸린다.

1층은 기성복과 액세서리 매장이다. 아홉시인데도 이미 매장 안에는 중국인으로 보이는 고객들이 있었다. 로비로 들어서니 블랙 재킷과 바지를 입은 홍보 담당자가 기다리고 있었다. 2층은 '오트 쿠튀르'로, 고객 전용 공간이다. '오트 쿠튀르'는 고급 여성 맞춤복을 말한다. 3층은 샤넬의 응접실이 있는 사적 공간이다. 휴식을 취하고 지인을 초대해 식사를 하고 언론과 인터뷰를 진행했던 공간이다. 4~5층은 재봉사들과 디자이너들이 일하는 작업실.

1층에서 2층으로 올라가는 계단은 눈에 띄는 게 보이지 않았다. 2층에서 3층으로 올라가는 계단은 달랐다. 샤넬의 특별한 감각이 노출 콘크리트처럼 그대로 드러났다. 계단은 완만한 나선형이었다. 당시 20세기 파리의 명사들이 샤넬을 만나러 걸어 올라간 그 카펫 계단을 걸어 올라갔다. 샤넬은 이 계단에서 사진작가의 모델로 서곤 했다. 나는 일부러 천천히 걸음을 옮겼다. 계단에는 베이지색 카펫이 깔려 있어 복싱

캉봉가 31번지의
1층 샤넬 매장

경기장인 링의 매트처럼 푹신했다. 계단의 모서리는 각지지 않고 부드러운 곡선으로 처리했다. 설령 발을 헛디뎌 넘어지거나 굴러도 다치지 않을 것 같았다.

나선형 계단실에서 가장 놀라운 것은 벽면이었다. 샤넬은 계단실 벽면에 길쭉한 직사각형 거울을 수십 장 이어붙였다. 계단을 올라갈 때는 그 까닭을 알아차리지 못했다. 3층 샤넬의 방문 앞 계단에 앉았다. 이 계단에서 샤넬이 살바도르 달리와 담소를 나누는 장면의 사진을 본 적이 있다. 나는 달리가 앉았던 자리쯤에 잠시 걸터앉았다. 그리고 계단을 내려다보았다. 순간 탄성을 지를 뻔했다. 이제까지 한 번도 본 적이 없는 경이로운 광경이 펼쳐졌다. 거울들은 계단을 조각조각 반영하면서 2층 홀의 구석구석을 보여주고 있었다. 샤넬이 3층 계단에 앉아 거울을 통

샤넬 본사의 3층으로 통하는 거울 계단

해 아래층에서 벌어지는 일들을 관찰하곤 했다는 담당자의 설명이 이어졌다. 나는 샤넬처럼 계단에 앉아 거울 벽면을 하나씩 살펴보았다. 놀랍게도 거울에는 아래층의 모든 것이 선명하게 중계되었다. 샤넬은 자신의 새 오트 쿠튀르 디자인을 내놓은 뒤 종종 2층에서 파티를 열었다. 그리곤 새 디자인에 대한, 자기 앞에서 하지 못하는 꾸밈없는 진솔한 반응을 3층 계단에 앉아 살폈다고 한다. 이를 통해 샤넬은 끊임없는 자기 혁신을 시도했다.

샤넬의 방

이제 방으로 들어가는 일만 남았다. 샤넬 제국의 비밀이 봉인되어 있는 공간 속으로 들어가 본 사람이 과연 얼마나 될까. 화려한 장식의 문 저 안쪽에는 무엇이 기다리고 있으며, 또 어떤 내밀한 이야기를 내게 속삭일까.

문이 열렸다. 턱시도 정장에 머리를 올백으로 넘겨 뒤로 묶은 잘생긴 남성이 안쪽에서 문을 열어주었다. 그는 제국의 현관을 지키는 집사였다. 집사는 옷매무새와 태도에서 긍지와 자부가 넘쳤다. 첫 번째 방은 현관방이었다. 방 한쪽에 남자 웃옷과 여자 웃옷을 구분해 걸어두는 옷걸이가 두 개 보였다. 현관방은 서너 평 정도의 크기였다.

두 번째 방문이 열렸다. 샤넬의 응접실이다. 샤넬이 응접실 소파에 누워 쉬거나 책을 읽는 모습의 흑백 사진을 여러 번 본 적이 있다. 흑백 사진으로 보아온 그 장면 속으로 지금 내가 들어와 있는 것이다! 샤넬의 체취와 숨결과 맥박이 그대로 박제되어 있는 공간에.

사진 속에서 본 응접실은 화려하면서도 넓어 보였다. 그런데 실제 보니 응접실 규모는 결코 크다고 할 수 없었다. 한 10평 정도나 될까. 샤넬의 명성에 비하면 오히려 작다고 느껴질 정도였다. 홍보 담당자는 카펫을 제외한 모든 게 샤넬이 사용하던 그대로라면서 이렇게 말했다. "이곳은 디자이너에게 매우 중요한 장소이자 역사적인 장소였습니다. 마드무아젤은 이곳에서 디자인의 영감을 받곤 했습니다."

왼쪽에 샤넬이 눕거나 앉곤 하던 베이지색 가죽 소파가 놓여 있었다. 한 사람이 누워 발을 뻗으면 조금 남을 듯했다. 소파는 가죽 조각을 마치 조각보처럼 박음질로 이어붙여 만들어졌다. 소파의 맞은편 벽에는 커다란 거울이 걸려 있었고, 그 아래 화병 속에는 벼 모양을 형상화한 작품이 꽂혀 있었다. 장식장 턱에는 도자기들을 비롯한 여러 가지 장식품들이 진열되어 있다. 응접실에서 가장 놀라운 것은 창문을 제외한 2면의 벽을 레드브라운 계열의 나무 병풍으로 이어붙였다는 사실! 한눈에도 중국에서 제작된 병풍임을 알 수 있었다. 나무 병풍도 낯선데, 샤넬의 은밀한 사적 공간을 채우고 있는 것이 중국 병풍이라니! 중국 병풍은 마치 벽지처럼 벽면을 빈틈없이 채우고 있었다. 병풍에 대해서는 한 번도 들어본 적이 없었는데.

　나는 흥분한 마음을 진정시키기 위해 소파에 앉아봐도 되는지를 물었다. 홍보 담당자는 웃으면서 앉아도 된다고 했다. 샤넬이 앉고 몸을 눕혔던 그 소파에 조심스레 앉았다. 소파의 높이가 낮았다. 샤넬이 치

샤넬의 응접실 전경. 중국식 나무 병풍이 보인다.(사진 제공 샤넬사)

1937년 응접실 소파에
누운 샤넬(Photo Moral)

마 밑단을 재기 위해 낮은 소파를 선호했다는 설명이 이어졌다. 마음을 진정시키고 차분히 내부를 살폈다. 소파 앞에는 무릎 높이의 유리 탁자가 있고, 탁자 왼쪽에 사자 장식품이 한 점 보였다.

홍보 담당자는 나와 일행에게 응접실을 장식하고 있는 물건들을 하나씩 설명했다. 먼저 중국제 나무 병풍이 궁금했다. 나무 병풍에는 공통적으로 꽃 그림이 조각되어 있었다. 카멜리아 꽃, 즉 동백꽃이다. 샤넬은 왜 응접실 벽면을 병풍으로 채웠을까. 그녀는 병풍이 자신을 지켜준다고 믿었고, 스스로를 보호하려고 병풍으로 사적 공간을 장식했다고 한다.

그 말을 듣는 순간, 샤넬이 홀로 겪어야 했던 어린 시절이 파노라마처럼 지나갔다. 아버지로부터 비참하게 버림받고 아무도 찾는 이 없는 수도원에서 견뎌야 했던 고독과 공포의 깊이를 비로소 조금은 이해할 것만 같았다. 어린 시절의 상처는 어떤 기쁨과 성공으로도 녹여낼 수 없는, 금강석보다도 더 단단한 결정이다. 그것이 내면의 무의식을 형성했다. 자신이 스스로를 지키지 않으면 안 된다는 무의식은 병풍에의 집착으로 이어졌다. 악(惡)으로부터 보호해 준다는 말이 있는 중국 병풍을 둘러 자신을 보호하려 한 것이다. 샤넬은 실제로 그렇게 믿었다. 샤넬은 병풍뿐만 아니라 작은 물건들이 자신을 지켜준다고 생각했다.

맞은편 거울도 보통 거울이 아니었다. 처음에는 알아차리지 못했다. 가로가 긴 직사각형의 거울이었는데 모서리 네 곳이 달랐다. 그런데 어디선가 많이 본 듯하다. 향수 '샤넬 No. 5' 뚜껑의 평면처럼 모서리 네 곳이 똑같은 간격으로 깎여 있었다.

　오른편 장식대 위에는 사슴 조각과 도자기 한 점이 보였다. 사슴 조각 작품은 일본에서 온 것이고, 도자기 한 점은 한국에서 왔다고 했다. 도자기는 조선시대의 분청사기였다. 샤넬은 아시아를 여행해 본 일이 없다. 친구에게 선물로 받거나 경매를 통해 동양의 예술작품을 수집했다. 작은 부처 동상도 한 점 있었는데, 한때 연인이었던 아서 카펠에게서 선물받았다. 나는 샤넬의 응접실에서 뜻밖에도 동양 3국 문명과 조우했다.

　샤넬은 동물 중에서 사자를 가장 좋아했다. 자신의 탄생 별자리가 사자자리였기 때문이다. 동양에서 태어난 해의 띠를 통해 운세를 따지

샤넬이 혼자 휴식하는 방의 전경. 중국 자개 병풍이 보인다.(사진 제공 샤넬사)

샤넬의 응접실 이모저모(사진 제공 샤넬사)

듯 서양은 별자리를 통해 자신의 운명을 점친다. 응접실에는 여러 개의 사자 조각품이 보였다. 입을 벌린 개구리 조각품도 있다. 샤넬은 입을 벌린 개구리가 행복과 행운을 불러온다는 미신을 믿었다.

소파 왼편 탁자에 손 금속조각품이 있었다. 혈관과 주름이 아주 섬세해 실제 사람 손처럼 보였다. 친구인 알베르토 자코메티가 만들어 샤넬에게 선물한 것이라고 한다. 거울 아래에 있는 벼 장식품은 샤넬이 구입한 것이다. 작은 벼 그림도 한 점 보였는데, 살바도르 달리가 선물한 것이라고 했다. 샤넬이 벼를 형상화한 작품을 유독 좋아한 이유는 벼가 포도처럼 풍요를 상징하기 때문이었다. 기원전 1세기의 토르소 작품도 눈에 띄었다.

응접실 양쪽으로 방 두 개가 있었다. 옷을 갈아있는 방에도 역시 벽면이 중국 병풍으로 장식되어 있었다. 식당 방에는 6인용 나무 식탁이 놓여 있었다. 식탁에는 식탁보가 깔려 있지 않았다. 샤넬은 집에서 식사를 할 때 절대 식탁보를 깔지 않았다. 고아원 시절처럼 말이다. 식당에는 대리석 남자 조각상이 하나 보였다. 샤넬이 진정으로 사랑했던 남자 보이, 즉 아서 카펠의 삼촌의 흉상이었다.

응접실 옆 식당. 이곳에도 중국식 병풍이 보인다.(사진 제공 샤넬 사)

샤넬의 패션은 장식을 최소화한 단순한 디자인을 특징으로 한다. 그러나 샤넬의 응접실은 이와는 정반대였다. 화려한 장식으로 머리가 복잡할 정도였다. 담당자의 놀라운 설명이 이어졌다.

"샤넬은 생활의 모든 것이 예술과 연결

되어 있었습니다. 샤넬은 단 하루도 응접실의 물건이 똑같은 위치에 놓여 있는 것을 참지 못했어요. 매일 조금이라도 위치를 바꿔 변화를 주었지요. 때로는 아래 위를 바꾸기도 했지요. 이탈리아 제 유리탁자의 경우, 유리판을 중국제로 바꿔 끼웠습니다. 그러면서 기존에 없는 새로운 감각을 키웠고, 생각이 고정되는 것을 막았지요."

샤넬은 화려함과 다양함 속에서 궁극의 단순함을 추구했다. 어린 시절 수도원에서 보낸, 가톨릭 정신으로 무장된 사람이 동양의 샤머니즘을 받아들였다. 샤넬은 남성적인 것을 과감하게 여성 패션에 도입·융합시켜 새로운 패션을 탄생시켰다. 패션 디자이너가 되기 이전부터 샤넬은 남성적인 것을 거리낌없이 받아들였다. 승마 바지를 일상복으로 입고 다녔고, 그것도 모자라 바지 호주머니에 손을 넣고 다녔다. 당시로서는 상상도 할 수 없는 혁명적 시도였다. 루아얄리외 저택에서 생활하던 시절 사냥을 다니던 남자들을 보고 여성용 가방에 어깨끈을 처음으로 단 사람도 바로 샤넬이었다.

1953년 샤넬은 8년간의 스위스 망명생활을 청산하고 파리로 돌아왔다. 일흔 살이었고 디자인에서 손을 뗀 지도 15년이 흘렀다. 샤넬이 자리를 비운 사이 신예 크리스찬 디올이 파리 패션을 선도하고 있었다. 샤넬은 1년 만에 디자인 감각을 회복했다. 미국에서 가장 영향력 있는 잡지 《라이프》는 샤넬 룩(Chanel Look)에 대한 특집기사를 실으며 이렇게 썼다.

"그녀는 이미 모든 부분에 영향을 끼치고 있다. 일흔한 살의 나이에 가브리엘 샤넬은 유행을 일으키는 정도가 아니라 혁신을 일으키고 있다."

오랫동안 디자인계에서 떨어져 있었지만 1년 만에 감각을 회복하고 화려하게 복귀한 샤넬! 하지만 샤넬은 말할 수 없이 외로웠다. 그녀 곁에는 아무도 없었다. 사랑했거나 믿었던 사람들은 모두 유명을 달리했다. 한때 뜨겁게 사랑했던 연인이었고, 절체절명의 순간에 샤넬의 목숨을 구해준 은인이었던 웨스트민스터 공작도 세상을 떠났다. 육체는 늙고 쇠잔해 갔다. 그러면서도 캉봉 가 작업실과 리츠 호텔 스위트룸을 오가는 생활을 그후로도 무려 17년간이나 계속했다.

1971년 1월 10일 샤넬은 리츠 호텔의 방에 누워 있었다. 하녀 한 사람만이 그녀 곁에 있었다. 갑자기 샤넬이 소리쳤다.
"숨이 막혀, 잔"

하녀 셀린이 달려갔다.

샤넬 캐리커처(by KL)

"아! 저것들이 나를 죽이려고 하고 있어. 나를 죽이려고 해." 샤넬은 무언가를 보았던 것이다. 아마도 그것은 죽어가는 이에게만 보인다는 죽음의 그림자였을까. 샤넬은 그 검은 그림자를 떨쳐낼 힘이 없었다.
"죽는 게 이런 거구나."

그리곤 고개를 떨구었다. 세상에 남긴 마지막 말이었다. 셀린이 샤넬의 눈을 감겨주었다. 샤넬은 스위스에 묻혔다.

샤넬은 장 콕토, 피카소, 달리, 스트라빈스키 등 당대의 천재 예술가들과 어울리며 수많은 공연예술 제작에 참여했다. 샤넬 작업실의 홍보 담당자가 그와 관련된 이야기를 들려주었다.

"20세기 파리 예술계의 중심에 샤넬이 있었습니다. 샤넬은 손이 컸지요. 예술가들을 후원하는 데 돈을 아끼지 않았습니다. 스트라빈스키

1937년의 샤넬
(Photo Horst)

가족을 별장에 머무르게 하면서 마음 놓고 작곡을 하게 한 것은 많이
알려진 얘기입니다. 샤넬은 작가 친구들이 책을 내면 몰래 작가의 책을
구입해 지인들에게 나눠주곤 했어요. 예술가는 경제적 어려움에서 자
유로워야 작품이 나온다는 것을 샤넬은 잘 알고 있었습니다."

에펠,
파리의 불빛
1832~1923

린드버그의 도전

인류 역사상 파리의 불빛 '에펠탑'의 야경을 가장 황홀하고도 감격적으로 목격한 사람은 누구일까?

가장 먼저 머리에 떠오르는 그룹은 2차 세계대전 기간 중 나치 점령의 파리를 떠났다가 해방과 함께 다시 파리로 돌아온 파리지엥이 아닐까. 오랜 여행을 떠났다가 살던 도시로 돌아와도 그럴진대 하물며 강제로 나치를 피해 도시를 떠났으니 다시 본 파리가 얼마나 눈물겨웠을까. 2차 세계대전 종전 직후의 파리지엥이라 해도 틀린 말은 아닐 것이다.

찰스 린드버그

나는 1927년 5월 20일의 한 사나이를 꼽고 싶다. 프로펠러 비행기를 몰고 뉴욕을 이륙해 33시간 무착륙 단독 비행한 끝에 파리에 착륙한 남자. 그날 이후 세계의 영웅이 된 사람 찰스 린드버그.

1차 세계대전이 끝나고 평화가 찾아오

자 유럽과 미국에서는 대서양을 무착륙 단독 횡단하는 비행 경쟁이 벌어졌다. 파리와 뉴욕 간 단독 비행에는 2만 5,000달러의 상금이 걸렸다. 성공만 한다면 부와 명예가 쏟아진다.

1차 세계대전에서 비행기가 처음으로 등장했다. 당시 비행기는 주로 정찰기로 쓰였다. 이때 정찰기 조종 경험이 있는 조종사들과 미국에서 우편 항공기를 모는 조종사들이 경쟁적으로 상금에 도전했다. 유럽 조종사들은 파리에서, 미국 조종사들은 뉴욕 주의 롱아일랜드에서 각각 이륙했지만 모두 실패했다. 조종사들은 혼자 조종간을 잡아야 하는, 참을 수 없는 지루한 비행에서 졸음을 이기지 못했다. 자동항법장치가 없던 시절이라 나침반과 지도를 보며 비행기를 몰다 보니 조금만 졸아도 항로를 이탈하기 일쑤였다. 항로 이탈은 곧 실종이었다.

북극 영향권 지역으로 들어가면 차디찬 공기에 프로펠러가 얼어버려 기체는 영하의 바다 속으로 추락했다. 북극 영향권 지역이 아닌 남쪽으로 항로를 이탈하면 최단 거리에서 벗어나 연료 부족으로 대서양에 추락했다. 30~40시간 이상 잠을 자지 않고 조종간을 잡는다는 건, 거부할 수 없는 악마의 유혹에 맞서는 싸움이었다. 행운의 여신이 조종간을 잡아주지 않는다면 불가능한 도전이었다.

린드버그가 모는 '세인트루이스의 정신(The Spirit of St. Louis)' 호가 파리 상공에 도달했을 때 파리는 어둠에 휩싸여 있었다. 그때 린드버그의 눈에 가장 먼저 들어온 게 에펠탑이었다. 그가 미국 세인트루이스에서 항공우편 비행기를 몰며 대서양 횡단이라는 꿈을 꿀 때도 목적지 파리는 곧 에펠탑이었다. 그는 세계지도 상의 파리에 에펠탑 사진을 붙여놓고 '무모한 도전'을 '가능한 꿈'이라며 끝없이 자기최면을 걸었다.

인간의 의지가 아무리 강해도 본능을 이기지는 못한다. 린드버그는 밤에는 졸음을 참았지만 아침에 졸고 말았다. 조종간이 손에서 미끄러져 나갔다. 그러는 사이 비행기는 항로를 이탈해 바다로 급강하하고 있었다. 절체절명의 순간, 행운의 여신이 그의 눈을 번쩍 뜨게 했다. 그는 간신히 비행기의 고도를 급상승시켜 바다로 추락할 뻔한 꿈을 건져 냈다. 린드버그가 이렇게 목숨을 건 33시간의 비행 끝에 에펠탑의 불빛을 보았으니 그의 감격이 어떠했겠는가.

에펠탑이 파리에 세워진 이후 에펠탑은 수많은 문학 작품에 등장해 왔다. 극작가 사무엘 베케트의 대표작 《고도를 기다리며》. 베케트는 이 작품으로 1969년 노벨문학상을 수상했다. 연극 〈고도를 기다리며〉가 한국에서 초연된 것은 1969년. 나는 이 연극을 청춘 시절과 최근 각각 한 번씩 관람했다. 내가 연둣빛 청춘일 때는 그 대사가 전혀 기억에 남지 않았다. 그런데 머리가 희끗희끗해지자 블라디미르의 대사가 귀에 꽂혔다. '1막'에 나오는 블라디미르의 대사를 조금 음미해 보자.

몽파르나스 타워에서
바라본 에펠탑의 불빛

블라디미르 : 하긴…… 오래 전부터 늘 생각해 온 건데, 넌 내가 없었으면 어떻게 됐을까 하고 말이지. (단호하게) 지금쯤은 죽어서 한 움큼의 뼈다귀만 남았을걸, 틀림없이.

에스트라공 : (정곡을 찔린 듯) 그래서 어떻다는 거야?

블라디미르 : (풀이 죽어서) 혼자 감당하기엔 너무 어렵구나. (잠시 사이를 두었다 곧 활기를 띠고) 또 한편으로 생각해 보면, 이제 와서 실망해 봤자 별수 없다는 생각이 든다. 벌써 오래 전부터, 그러니까 1900년쯤부터 그 생각을 해왔어야 하는 건데 말이야.

에스트라공 : 듣기 싫다! 이 놈의 신이나 좀 벗겨줘.

블라디미르 : 손을 마주잡고 에펠탑 꼭대기에서 뛰어내렸겠지. 맨 처음에 뛰어내리는 자들 틈에 끼어서 말이야. 그땐 제법 풍채도 좋았는데. 하지만 이젠 너무 늦었어. 이젠 우리 같은 건 올라가지도 못하게 할걸. (에스트라공은 구두를 벗으려고 기를 쓴다) 뭘 하고 있는 거야?

에펠탑은 노래에도 곧잘 등장한다. 뮤지컬 〈맘마미아〉에도 에펠탑이 나온다. 남자 주인공인 샘 마이클이 여주인공 도나와 보낸 즐거웠던 시간을 회상하며 부르는 노래가 〈우리의 지난 여름(Our last summer)〉이다. "센 강을 따라 에펠탑 옆을 걸었던 지난 여름을 나는 모두 기억하네."

인구 1만 명 이상의 도시에서 사는 한국인도 거의 매일 에펠탑을 대한다. 무슨 말인가. 서울에서 한 시간만 시내버스를 타고 거리의 간판을 유심히 살펴보라. 최소한 대여섯 번은 에펠탑을 목격할 것이다. 어떤 이는 지나가다 스치듯 무심코 에펠탑을 바라보며, 또 어떤 이는 매일 에펠탑이 인쇄된 비닐봉지를 가슴에 안고 집이나 사무실로 간다. 베이커리 전문점 '파리 바게트'의 이미지다. 파리와 바게트 사이에 있는 형상이 에펠탑이다.

에펠 기념우표

　내가 2014년 봄, 《페테르부르크가 사랑한 천재들》을 펴냈을 때였다. 여러 친구들이 sns로 축하 메시지를 보내주었다. 그 중 한 친구가 "다음 여행을 준비하는 성관에게"라며 축하 메시지를 보내왔다. 축하 메시지에는 곰돌이가 신나게 세계여행을 가는 이모티콘이 붙어 있었다. 지구가 빙빙 돌면서 각국의 도시를 대표하는 이미지들이 순식간에 지나갔다. 첫 번째가 바로 에펠탑이었다. 에펠탑은 한눈에 딱 들어왔다. 두 번째는 피사의 사탑 '같았다'. 내가 '같았다'라고 한 것은, 사탑(斜塔)이라고 하기에는, 기울기가 많이 부족해 피사의 그것처럼 보이지 않았다는 뜻이다. 마지막은 자유의 여신상 같았는데, 이것 역시 마찬가지였다. 피사의 사탑과 자유의 여신상은 작은 이모티콘 안에서 디테일을 표현하기에는 한계가 있었다. 에펠탑은 달랐다. 크기는 피사의 사탑이나 자유의 여신상과 똑같지만, 의심의 여지가 없이 강렬하고 선명했다. 혼동할 이유가 전혀 없었다. 그게 바로 에펠탑이다.

　프랑스 혁명 100주년 기념 만국박람회에 메인 조형물로 기획된 에펠탑은 1889년 5월 6일 완성되었다. 20년 뒤 철거한다는 조건으로. 에펠탑만큼 태어날 때부터 완성된 직후까지 비난과 험담의 대상이 된 건축물도 찾기 어려울 것이다. "거대하고 기이한 탑", "참으로 비극적인 가로등", "불완전하고 혼란스러우며 일그러진, 체육관 장비 같은 철기둥", "높고 깡마른 철사다리로 된 피라미드", "세우다 만 공장 파이프, 암석이나 벽돌로 채워지길 기다리고 있는 뼈대, 깔때기 모양의 그릴" 등등, 세계 건축사에 길이 남을 위대한 건축물은 온갖 몰매를 맞아가며 탄생했다. 우여곡절 끝에 태어났지만 파리의 상징이자 세계의 명소가 된 에펠탑. 이제 에펠탑을 세운 건축가 구스타브 에펠을 만나보자.

에펠, 화학도의 길을 가다

구스타브 에펠은 1832년 부르고뉴 지방의 주도 디종에서 생(生)을 받았다. 부르고뉴는 와인 애호가들 사이에선 보르도 다음으로 가보고 싶어 하는 와인 생산지다. 파리를 중심으로 보면, 남동쪽으로 320킬로미터 떨어진 곳이다. 아버지 알렉상드르 에펠은 군인 출신으로 지방정부의 행정관이었고, 어머니 카트린 멜라니는 목재상의 딸이었다. 부모는 1남 2녀를 두었는데, 구스타브 에펠은 첫째였고, 두 살 터울로 누이동생 마리와 로르가 있었다. 부모의 가계로 봐서는 특별한 유전자를 찾기가 어렵다.

상드마르 광장에서 본
에펠탑 1층

지금까지 내가 만나본 천재들은 대체적으로 몇 가지 공통점이 있었다. 그 중 하나는 상당수가 어린 시절이나 청소년기에 제도권 교육에 적응하지 못하고 마지못해 학교를 다녔다는 것이다. 숨 막히는 학교생활의 구세주는 대개 문학이나 예술이었다. 에펠도 예외가 아니어서 디종의 루아얄 학교 시절에 공부를 잘하는 학생이 아니었다. 소년에게는 학교에서 가르치는 것은 지겹기 짝이 없었고, 외우라고 하는 것들이 전부 쓸 데 없다고 생각되었다. 하지만 마지막 2년을 남겨두고 에펠은 문학과 역사에 취미를 붙였다. 그는 고등학교 졸업 자격시험인 바칼로레아에 합격해 인문대학과 이과대학 입학 자격을 얻는다.

비범한 사람이 천재로 탄생하는 기나긴 여정에는 여러 길목에서 중요한 인물이 등장한다. 에펠의 부모는 평범한 사람이었지만 삼촌 장 밥티스트 모렐라 에펠은 화학에 재능이 있는 특별한 사람이었다. 모렐라 삼촌은 디종에서 대규모의 화학제품 공장을 운영하고 있었다. 에펠은 이 삼촌을 무척 따랐는데 삼촌을 통해 화학자 미셸 페레를 알게 된다. 미셸 페레는 리옹 근처에 광물을 소유한 엔지니어였다. 에펠은 두 사람을 따라다니면서 화학과 광산에서부터 신학과 철학에 이르기까지 많은 것에 눈을 떴고, 삼촌과 삼촌 친구를 통해 화학과 수학의 실용적 가치에 일찌감치 주목했다. 페레는 에펠을 구리 광산에 데리고 가기도 했다. 에펠이 대학에서 화학을 선택한 것은 전적으로 모렐라 삼촌과 미셸 페레의 영향이었다.

1850년 열여덟 살의 에펠은 아버지와 함께 난생 처음 파리에 상경했다. 어려서부터 말로만 들어온 파리! 에펠은 프랑스 최고의 공과대학인 '에콜 폴리테크니크'에 들어가고 싶었지만 점수가 모자랐다. 대신 직업교육 중심의 중앙공예학교에 입학했다. 에펠은 얼마 지나지 않아 중앙공예학교가 자신의 적성에 더 맞는다고도 생각했다. 그런데 흥미롭

중앙공예학교

고도 믿을 수 없는 사실은 에펠이 기술 도안 과목에서 유독 점수를 잘
받지 못했다는 점이다. 2학년에 올라가면서 에펠은 야금술, 기계학, 토
목공학, 화학 중에서 전공을 선택해야 했는데, 그는 고민 없이 화학을
선택했다. 중앙공예학교 1학년 때 기계 도안에 재능을 보여주지 못했
다는 사실이나 전공으로 기계학이나 토목공학이 아닌 화학을 선택했
다는 사실에서 우리는 장래 위대한 건축가의 소질을 전혀 발견할 수
없다. 될 성부른 나무는 떡잎부터 알아본다는 우리 속담은 적어도 에
펠에게는 적용되지 않는다. 중앙공예학교는 퐁피두센터 근처에 있다.
'아르세 메티에르' 역에서 내리면 코앞이다. 현재는 공예박물관이다.

에펠은 학교를 졸업한 후 디종의 삼촌 회사에 취직을 하고 싶었지
만 가족의 반대로 포기하고 만다. 만일 에펠이 디종으로 갔다면 어떻
게 되었을까? 자식이 없던 삼촌의 공장을 에펠이 이어받았을지도 모른
다. 그렇게 되었다면 세계 건축사가 바뀌었을 것이고, 지금 나도 이 글
을 쓰고 있지 못했을 것이다.

철의 시대를 예감하다

에펠이 학교를 졸업한 1855년은 프랑스 역사에서 중요한 해로 기록된다. 1855년, 파리는 제2회 세계만국박람회를 개최했다. 시민들은 너나 할 것 없이 시즌 입장권을 구매했다. 에펠의 어머니 역시 입장권 구매 행렬에 줄을 섰다.

만국박람회는 시대와 미래의 창(窓)이었다. 세계 각국들은 전시관을 지어 자국이 보유한 과학기술의 총아를 전시하며 국가 위상을 과시했다. 세계 여러 나라의 전시관 중에서 에펠의 관심과 호기심을 자극한 곳은 '산업의 궁전'이었다. 알렉상드르 바로가 설계한 '산업의 궁전'은 철로 만든 건축물. 여기에는 해협을 사이에 두고 오랜 앙숙관계였던 영국과의 경쟁심리가 작동했다. 당시 통치자인 나폴레옹 3세는 영

산업의 궁전

국 런던에 세워져 세계를 놀라게 했던 '수정궁전'을 꺾을 수 있는 구조물을 세우라는 특별 지시를 내렸다. 수정궁전은 영국이 1851년 제1회 세계만국박람회를 개최하면서 런던의 하이드파크에 세운 구조물이었다. 철골로 구조를 만들고 유리로 전면을 덮어 '크리스털 팰리스(crystal palace)', 즉 '수정궁전'이라는 이름을 얻게 되었다. 대영제국은 이 궁전을 만국박람회장 메인 전시관으로 사용하면서 제국의 권위와 영화를 세계 만방에 과시했다. 수정궁전의 등장은 영국과 경쟁관계에 있던 프랑스, 스페인 등 유럽 강대국들에게 충격을 주었다.

수많은 관람객이 '산업의 궁전'을 구경하며 감탄했다. 에펠도 그 중 한 사람이었지만 이들과는 달랐다. 화학과 수학에 나름의 조예가 있던 에펠은 철의 성질과 쓰임새에 관심이 많았다. 스물세 살 청년은 철이 미래 세계에 가장 중요한 재료가 될 수밖에 없다는 것을 정확히 꿰뚫어 보았다. 에펠이 파리에서 장래를 모색하던 바로 그 시기에 세계만국박람회가 열렸다는 사실은 우연이다. 그러나 우연히 들어간 '산업의 궁전'에서 화학도 에펠이 차디찬 철 구조물과 교감하면서 다가올 세기를 철의 시대로 예견했다는 것은 운명적이다. 산업의 쌀인 철강의 효용을 150년 전에 깨달았다는 것은 인류에게 축복이었다.

화학도의 운명을 바꿔놓은 '산업의 궁전' 현장으로 가본다. 현재 '산업의 궁전'이 있던 곳에는 '그랑 팔레'가 들어서 있다. 지하철 1호선과 3호선이 교차하는 '샹젤리제 클레망소' 역에서 내려 밖으로 나가면 클레망소 광장이 있다. 클레망소는 언론인 출신의 정치가로 1차 세계대전의 영웅이다. 광장 한가운데에 동상이 보였다. 샤를 드골이다. 큰 키의 드골이 큰 걸음으로 성큼성큼 걸어가는 모습이다. 동상 기단부의 앞면과 뒷면을 읽어 내려간다. 한쪽 면에 "모욕당한 파리, 부러진 파리, 고통당한 파리, 하지만 자유가 된 파리"라고 기록되어 있다. 샹젤리제 대로에서 드골 동상을 바라다보면 지붕이 유리로 뒤덮인 거대한 건축물이 보인다. 바로 '그랑 팔레'다.

'그랑 팔레'는 제3공화국이 개최한 1900년 세계만국박람회의 주전시관이다. 프랑스는 '산업의 궁전'이 있던 바로 그 자리의 장소성과 역사성을 감안해 '그랑 팔레'를 세웠다. 100년이 지난 지금도 전시장으로 사용되는 그랑 팔레는 석재, 철골, 유리 세 가지 재료로 완성된 건축물이다. 석재는 전시관의 벽과 기둥에, 철골과 유리는 지붕을 덮는 데 사용되었다. 인류의 가장 오래된 건축 자재인 석재부터 현대의 건축 소재인 철과 유리가 제각각 고유의 기능을 충실히 하는 건물이 그랑 팔레다.

드골 동상과 그랑 팔레

그랑 팔레 앞길은 윈스턴 처칠 애비뉴. 이 대로 건너편에 있는 전시관이 '프티 팔레'다. 그랑 팔레 전경은 프티 팔레 입구 계단 위에서 찍으면 제대로 나온다. 프티 팔레 앞을 지나 알렉상드르 3세 다리 방향으로 걷는데, 자그마한 공원에 한 남자의 동상이 보였다. 코트를 입은 구부정한 뒷모습을 보고 나는 직감적으로 처칠이라는 것을 알아차렸다. 가까이에서 보니 처칠은 지팡이를 짚은 채 걷고 있었다.

그랑 팔레

철교를 설계하다

　'산업의 궁전'을 접한 에펠은 주저하지 않고 주철공장을 운영하는 처남 조세프를 찾아가 그의 도제(徒弟)로 들어간다. 에펠은 스물세 살에 비로소 철(鐵)의 인생에 첫 걸음을 내디뎠다. 화학도에서 뒤늦게 주철 분야로 뛰어든 에펠. 화학의 개념을 이해하고 있다 보니 주철에 대한 학습력이 남달랐다.

　주철공장에서 철의 성질과 구조의 기초를 배우던 중인 1856년 에펠은 결정적인 귀인을 만나게 된다. 철도 설계회사를 운영하던 샤를 넵뷰를 만난 것이다. 에펠은 그의 비서로 고용되었다. 뜻밖의 기회였다. 에펠은 철 구조물 설계에 자신의 미래가 있음을 알았고, 이 분야에서 성공하겠다고 결심한다. 이때부터 그는 지금까지 보여준 적이 없는 무서운 노력을 기울였다. 관련 서적을 찾아 읽으며 독학했다. 먼저 이미 나온 기술을 충분히 익혔고, 이를 철골 구조 설계에 응용했다.

얼마 후 넵뷰의 회사가 파산해 다른 회사로 넘어간다. 에펠의 재능을 인정한 넵뷰는 회사를 정리하면서도 에펠에게 서부 철도회사에 자리를 마련해 준다. 이것이 전화위복이었다. 에펠은 서부 철도회사에서 생각지도 못한 기회를 잡게 된다. 그는 처음으로 생제르망 철도의 22미터짜리 철판 다리를 설계한다.

여기에 또 다른 우연이 개입한다. 벨지 철도회사가 넵뷰의 회사를 인수하면서 넵뷰가 벨지 철도회사의 파리 공장장이 된 것이다. 기사회생한 넵뷰는 다시 능력을 검증받은 에펠을 조사팀장으로 데려왔다. 인생은 우연의 반복이라는 말이 에펠의 인생에서 그대로 들어맞는다.

넵뷰는 파리-보르도 철도노선 중에서 가론 강을 가로지르는 철교 건설 계약을 따냈다. 가론 강은 피레네 산맥에서 발원해 보르도를 지나 대서양으로 흘러드는 강. 센 강, 론 강, 루아르 강과 함께 프랑스 4대강에 속한다. 가론 강 철교는 가론 계곡을 가로지르는, 길이 500미터의 철교! 인류 역사상 그 누구도 시도하지 않은 철교! 이 가론 강 철교가 에펠의 운명을 결정적으로 바꿔놓았다.

세계 최초의 철교는 1779년 산업혁명의 발상지인 영국 버밍엄 근처의 세번 강에 세워진 아이언 브리지(iron bridge)다. 1986년 유네스코 세계문화유산으로 등록된 이 역사적인 다리의 이름은, 우스꽝스럽게도 그냥 '철교'다. 그럴 수밖에 없는 게 당시 다리는 석재, 콘크리트, 나무로 건축되었다. 최초로 철로 만들어진 다리이다 보니 이름도 그냥 '철교'가 된 것이다. 세번 강 위에 놓인 이 철교의 길이는 42.7미터였고, 이중 철제 부분은 30.68미터였다.

가론 강은, 폭이 20미터에 불과한 세번 강과는 모든 게 비교가 되지

세계 최초의 철교인
영국의 아이언 브리지

않았다. 철교 건설 공사는 강바닥에 심은 여섯 쌍의 석축에 의해 지탱
되는 길이 500미터의 철 대들보를 세우는 쉽지 않은 공사였다. 또 당시
첨단기술로 불리던 압축공기 잠함(潛函)과 수압식 드롭해머라는 기술
이 없었으면 애초에 불가능했다. 에펠은 처음에는 금속을 조립하는 임
무를 맡았지만 넵뷰가 개인적인 이유로 파리 공장장 자리를 그만두면
서 프로젝트의 전 과정을 책임지게 된다. 이 우연이 천우신조였다. 에
펠은 수학적 계산에 아주 능했고 철저하고 치밀했다. 철두철미한 계산
을 바탕으로 결과까지 한 치의 오차도 없이 완벽하게 예상했다.

에펠은 가론 강 철교 건설을 예정대로 완공했다. 아무도 시도해 본
일이 없는, 불가능한 공사로 여겨졌던 난공사를 아무 문제 없이 성공
적으로 끝내자 벨지 철도회사는 에펠을 엔지니어 책임자로 임명했다.
에펠은 주목받는 토목 엔지니어가 되었다.

가론 강 철교 완공 소식이 신문에 실리면서 에펠에게 크고 작은 다리
설계 주문이 밀려들었다. 에펠의 등장은 프랑스 입장에서는 사건이자
행운이었다. 프랑스는 에펠로 인해 철교 건설 능력에서 마침내 영국을

가론 강 위에 놓여진
보르도 철교

앞지르게 되었다. 철교 건설은 철도산업의 융성을 뜻한다. 그 동안 강에 가로막혀 어찌할 바를 모르던 곳에 철교가 놓이면서 철도망이 프랑스 전역을 그물망처럼 연결했다. 물류 혁명의 고속도로가 열린 것이다.

1866년 에펠의 명성은 유럽 밖에까지 알려졌다. 이집트 정부는 기관차 33량의 제작을 주문하기도 했다. 에펠은 이제 독자적인 회사를 차릴 수 있을 만큼 기술력을 인정받았고 은행 대출을 받을 만큼 신용도 쌓았다. 이 즈음 건축가 장 밥티스트 크란츠와도 계약을 맺는다. 크란츠는 1867년 개막 예정인 만국박람회에서 전시관 설계를 책임지고 있었는데 난관에 부딪치자 에펠에게 도움을 요청한 것이다. 에펠의 임무는 기계관의 아치 대들보를 설계하는 일이었다.

1866년 말, 에펠은 은행에서 자금을 빌려 르발루아 시에 건축사사무소 '르발루아 페레'를 차렸다. 철골 구조물을 설계하고 생산하려면 규모가 큰 사무실과 넓은 공장이 필요하다. 이와 함께 철골 구조물을 손쉽게 실어나를 수 있으려면 기차역이 가까워야 한다. 파리 시내에서는 마땅한 부지를 찾기 힘들자 에펠은 르발루아 시를 선택했다. 마침 공장 부지는 기차역과 가까워 물류에도 아무런 문제가 없었다. 에펠이 회사를 차리고 수주한 첫 번째 프로젝트는 리옹과 보르도 사이의 철도 노선 중 고가 철교 건설이었다.

　파리 북서쪽에 위치한 르발루아 시는 지하철 3호선을 타고 '아나톨 프랑스' 역에서 내리면 된다. 아나톨 프랑스는 저명한 소설가. 역에서 내려 174번 버스를 타고 '르발루아 페레' 근처에서 내린다. 지하철과 버스를 탄 시간만 한 시간 반이 넘게 걸렸다. 뙤약볕 아래를 걸어가면서 왠지 초조했다. 설계 사무실과 공장이 있던 그곳은 현재 어떻게 되었을까. 내가 한국에서 접한 자료에는 이와 관련한 어떤 정보도 없었는데. 과연 내가 지금 제대로 가고 있는 게 맞나?

위 **에펠 도서관 파사드**
아래 **에펠 도서관 앞 플라크**

　놀랍게도 그곳에는 도서관이 있었다. 구스타브 에펠 도서관이었다. 도서관 전면부는 에펠탑의 여러 이미지들로 디자인되어 있어서 누가 보아도 에펠과의 연관성을 짐작할 수 있었다. 일단 도서관 안으로 들어가 보기로 했다. 도서관 1층에 안내데스크가 보였다. 안내데스크로 가서 이곳이 에펠의 사무실 겸 공장이 있던 곳이 맞는지를 물었다. 여직원이 등 뒤의 벽면을 가리켰다. 거기에는 떼어진 플라크가 약간 비스듬히 세워져 있었다.

　"이곳에서 구스타브 에펠이 거대한 철제 구조물을 만들어냈다."

　이날은 마침 기온이 40도를 육박한 가운데 파리 시내 한복판에서 휴대폰을 도

난당해 몸과 마음이 지칠 대로 지쳐 있었다. 그런데 역사적인 이 플라크를 확인하는 순간 모든 피로가 눈 녹듯 가셨다. 안내데스크 왼쪽에는 책들을 수북이 쌓아놓았는데, 그 뒤에도 에펠탑의 이미지가 보였다. 그랬다. 낯선 이방인은 도서관 이곳저곳에서 에펠의 정신을 느낄 수 있었다. 도서관은 2011년에 세워졌다. 에펠이 위대한 탑을 만들어낸 그곳에 그의 이름을 딴 도서관만큼 가치 있는 것이 또 있을까. 1층 도서관에서는 시민들이 쾌적하고 널찍한 공간에서 여유롭게 책을 읽고 있었다.

위 에펠 도서관 내부
아래 에펠 도서관 안의
플라크

에펠 건축회사

1868년 말, 에펠은 중앙공예학교 동문인 테오필 세이리그와 공동으로 회사를 설립한다. 회사 이름은 '에펠 & 시에'. 마침내 회사 이름에 에펠이 등장했다. 1875년 이 회사는 중요한 두 개의 프로젝트를 따낸다. 하나는 부다페스트 중앙역의 터미널 건설이고, 다른 하나는 포르투갈 두로 강을 가로지르는 다리 건설이었다.

두 프로젝트는 한국에는 잘 알려져 있지 않지만 에펠의 대표작으로 꼽힌다. 부다페스트 기차역은 혁신적인 디자인 그 자체였다. 당시 통상적인 기차역 설계는 화려하고 세련된 석제 파사드 뒤에 철제 구조물을 숨기는 방식이었다. 하지만 에펠은 철제 구조물을 기차역의 중심으로 세우고 그대로 다 노출했다. 기차역의 양옆 건물은 업무동 사무실로, 석재와 벽돌로 만들었다. 기차로 빈 서부역에서 출발해 부다페스트 역에 내리면 바로 에펠이 설계한 기차역을 감상할 수 있다. 이 기차역은 부다페스트의 자부심이다.

두로 강의 다리는 왕립 포르투갈 철도회사의 공모전에 당선된 것이다. 두로 강은 이베리아 반도 북부에서 발원해 대서양으로 들어가는, 총 길이 897킬로미터의 강이다. 이 중 112킬로미터가 포르투갈과 스페인과의 국경선을 이룬다. 국경선에서 빠져나온 강은 포르투갈을 가로지르며 대서양으로 힘차게 흘러간다. 교량은, 유속이 빠르고 수심은 20미터가 넘으며 강바닥은 사력층인 곳에 건설되는 난공사였다. 강바닥에 축대를 박는 게 불가능하다는 기술적 판단이 나왔다. 다리는 교각과 교각 사이의 중앙 경간(徑間)이 160미터 이상이 되어야만 가능했다.

에펠은 제안서를 작성해 공모 주최측인 왕립 포르투갈 철도회사에 제출했다. 상판은 다섯 개의 철심이 지탱하고, 강 양안에 세운 두 개의 교대(橋臺)가 중앙 아치를 떠받치는 설계였다. 에펠이 뽑은 건설 비용은 96만 5,000프랑으로 공모 응시자 중 최저가였다. 에펠 회사는 포르투갈 회사보다 경험이 부족했지만 두로 강 교량 건설사로 선정될 수 있었다.

교량 공사는 1876년 1월에 시작해 이듬해 10월 말에 끝났다. 교량 개통식은 왕 루이 1세와 왕비 마리아 피아가 참석한 가운데 11월 4일에 있었다. 루이 1세는 이 다리를 왕비의 이름을 따 마리아 피아교로 명명했다.

1879년 에펠은 세이리그와 동업관계를 청산하고 회사명을 에펠 건축회사로 바꾼다. 그해 에펠은 가라비(Garabit) 고가철교 계약을 따낸

두로 강에 놓인
마리아 피아교

다. 가라비 고가철교는 마리아 피아교와 여건이 흡사했다. 에펠은 처음으로 경쟁자 없이 수의계약으로 이 프로젝트를 수주했다. 남프랑스의 트뤼에르 강을 가로지르는 가라비 철교는 강 수면에서 120미터 높이에 떠 있는 길이 162미터의 철교다. 우리는 여기서 가라비 고가철교의 길이가 162미터라는 것을 기억해 둘 필요가 있다.

가라비 철교 설계와 건설은 에펠이 지금까지 진행했던 어떤 공사보다도 규모가 큰 난공사였다. 에펠 혼자 힘으로는 불가능했다. 에펠은 능력 있는 엔지니어의 도움이 절실했다. 취리히 공대를 졸업한 패기 넘치는 모리스 쾨슐랭이 계산과 드로잉 부분을 맡았고, 앞서 마리아 피아교 건설에서 에펠을 도왔던 에밀 누기에도 이 프로젝트에 참여했다. 두 사람은 훗날 에펠탑 건설에도 참여하게 된다.

1879년은 에펠의 인생에서 특별한 해다. 자신의 회사를 설립한 것 외에도 표준화된 조립식 교량 시스템을 완성했기 때문이다. 이 혁신적

가라비 철교

인 아이디어는 에펠이 프랑스 식민지인 코친 차이나(남베트남) 총독과 대화를 하던 중 영감을 받아 발전시켰다. 표준화된 조립식 교량 제작 시스템은 놀라운 발명이었다. 대개 철교나 교량을 건설하는 지역은 도로 사정이 나쁘거나 교통이 불편했다. 따라서 표준화된 작은 부품을 만들게 되면 현장까지 운송하기가 쉬워진다. 현장에서는 작은 조각들을 볼트로 순서대로 조립만 하면 되었다. 에펠은 세계 각지에 흩어져 있는 프랑스 식민지에 철교 건설 프로젝트를 사실상 독점적으로 수주했다. 르발루아 공장에서 생산한, 연번이 적힌 부속품을 기차로 실어 대서양 항구로 옮기고 다시 배에 실어 아프리카와 동남아로 싣고 가 현지에서 조립했다. 에펠은 엄청난 부자가 되었다.

뉴욕과 파리의 '자유의 여신상'

뉴욕 리버티 섬에 있는 자유의 여신상은 뉴욕의 상징이면서 미국의 상징이다. 에펠은 자유의 여신상의 철골을 설계했다. 뉴욕을 처음 방문하는 여행객은 대부분 자유의 여신상을 구경하게 되고, 프랑스 사람

에펠이 철골 구조를 설계했다는 사실을 그제야 알게 된다. 자유의 여신상을 가까이에서 꼼꼼히 살펴보면 조각조각 이어붙인 자국이 보인다. 워낙 정교해서 자세히 뜯어보지 않으면 지나치기 쉽다.

에펠은 어떻게 자유의 여신상 제작에 참여하게 되었을까. 1881년 어느 날 에펠은 조각가 프레데리크 바르톨디의 방문을 받는다. 바르톨디는 1875년부터 비밀리에 미국의 독립기념 100주년 기념으로 자유의 여신상을 제작해 왔다. 하지만 제작 도중 엔지니어의 사망으로 작업이 중단되었고 오랜 시간 고민한 끝에 에펠에게 손을 내밀었다. 바르톨디는 풍속의 압력에 대한 경험이 풍부한 에펠이 적임자라고 생각했다. 에펠은 바르톨디의 제안을 받아들였다. 에펠이 기존에 완성한 가론 강 철교, 두로 강 철교, 가라비 철교 등에 비하면 난이도 면에서 아무것도 아니었다. 에펠은 네 개의 철탑 다리로 탑의 몸체에 해당하는 구리 외관을 지탱하는 구조를 고안해 냈다. 에펠은 르발루아 공장에서 조립식으로 여신상 철골 구조를 완성한 뒤에 기차로 파리까지 싣고 갔다. 센 강을 통해 대서양으로 나아간 뒤 선박에 실어 뉴욕으로 가져갔다. 자유의 여신상은 동상 높이만 46미터에 이른다.

자유의 여신상은 프랑스와 미국의 우정의 상징이다. 프랑스는 왜 미국의 독립기념 100주년 기념으로 자유의 여신상을 선물하기로 했을까? 프랑스와 영국의 앙숙관계는 신대륙에서

에펠이 내부 골조를 만든 자유의 여신상

도 그대로 이어졌다. 신대륙을 먼저 선점한 나라는 프랑스였다. 프랑스는 지금의 캐나다 퀘백 지역과 미국의 중동부 지역에 '루이지애나'라는 거대한 식민영토를 건설했다. 태양왕 루이 14세 시절이다. 루이지애나(Louisiana)라는 지명에서 짐작할 수 있듯, 가지처럼 생긴 이 땅은 루이 14세에게 봉헌한다는 의미로 명명되었다. 그런데 1763년 프랑스가 퀘벡에서 영국과 벌인 전쟁에서 패해 북아메리카 대륙의 주도권을 영국에게 빼앗겼다. 그 전쟁에서 프랑스가 이겼다면 프랑스어가 세계어가 되었을 것이다. 그런 북아메리카 대륙에서 미국이 1775년 영국을 상대로 독립전쟁을 벌였다.

프랑스는 어느 편을 들었을까? 두말할 필요도 없다. 루이 16세는 전투병 파병은 물론 전쟁 물자를 대거 무상으로 지원한다. 젊은 장교와 군인들이 앞다투어 범선을 타고 대서양을 건넜다. 미국을 영국 식민지로부터 독립시키는 게 명분과 실리에서 프랑스에 유리했다. 프랑스의 막강한 지원을 받은 독립군은 영국군을 물리치고 마침내 독립을 쟁취했다. 미국 독립전쟁 지원은 프랑스에 전혀 예상치 못한 후유증을 안겨주었다. 막대한 재정 손실을 입은 루이 16세는 세금을 더 거둘 궁리를 하다가 부르주아 계급의 거센 반발에 부딪친다. 이것이 13년 뒤 프랑스 대혁명의 맹아가 되었다.

파리에 왔다면 파리의 '자유의 여신상'을 보고 가야 한다. 자유의 여신상이 왜 파리에 있을까 하는 의문을 가질 것이다. 미국 독립기념 선물로 보낸 뒤에 바르톨디와 에펠은 똑같은 자유의 여신상을 하나 더 만들어 1885년 파리 시에 기증했다.

일란성 쌍둥이 '자유의 여신상'을 만나러 가보자. 센 강에 걸쳐 있는 그레넬 다리로 간다. 그레넬 다리로 가려면 일단 '라디오 프랑스'부터 가야 한다. 현재는 박물관으로 바뀐 라디오 프랑스를 뒤로 하고 센 강에 걸쳐 있는 다리가 그레넬 교다. 그레넬 교를 몇 걸음 걷다 보면 다리 중간쯤에 자유의 여신상 뒷모습이 보인다. 자유의 여신상은 다리 아래에 있는 인공 섬에 세워져 있다.

자유의 여신상을 감상하는 방법은 두 가지다. 하나는 다리 중간에 섬으로 연결된 계단을 타고 내려가 다리 밑으로 지나서 자유의 여신상을 정면으로 보는 방법이고, 다른 하나는 자유의 여신상의 등뒤에서 자유의 여신상이 바라보는 시선을 따라 휘돌아가는 센 강과 대서양 너머의 리버티 섬을 바라보는 방법이다.

나는 후자를 택하기로 했다. 자유의 여신상과 같은 눈높이에서 여신상의 시선을 감상하기로. 런던 팔리아멘트 광장의 처칠 동상도 뒷모습에서 처칠의 진실을 엿볼 수 있는 것처럼. 자유의 여신상의 눈길이 머무는 곳은 서쪽, 바로 뉴욕 리버티 섬의 자유의 여신상이다. 프랑스인은 센 강을 따라 대양으로 나아가 범선에 자유를 가득 싣고 대서양 너머 북아메리카 식민지에 자유를 전파했다. 그리고 13년 뒤 이번에는

센 강 너머 뉴욕을 향한 자유의 여신상

미국의 자유정신이 기류를 타고 프랑스 대혁명을 잉태했다는 사실을 센 강의 자유의 여신상은 말하고 있었다.

혹평과 비난

모리스 쾨슐랭과 에밀 누기에. 쾨슐랭은 가라비 철교 건설 때 에펠 회사에 합류해 호흡을 맞춘 사람이고, 누기에는 포르투갈의 마리아 피아교 건설 때부터 에펠과 함께 일해온 엔지니어다. 두 사람은 1889년 파리 만국박람회에 20년 시한으로 세워지는 고층탑 설계 디자인을 제작하기로 했다.

최초의 고층탑 설계도

1884년 5월, 쾨슐랭은 드로잉으로 고층탑 구조를 그렸다. 고층탑은 바닥에 네 개의 격자 대들보로 구성된 거대한 철탑을 세우고, 이를 꼭대기까지 일정한 간격으로 금속 트러스로 연결시켜 올라간다는 계획이었다. 에펠은 디자인 설계안을 보고받고는 스테판 소베스트르에게 건축적 장식을 추가해 달라고 주문했다. 소베스트르는 밑바닥에 아치형 구조, 2층에 유리 파빌론, 꼭대기층에 돔을 얹는 아이디어를 냈다. 세 사람이 만든 설계안이 최종적으로 에펠에게 올라갔고, 에펠은 이를 면밀히 검토한 뒤에 프로젝트를 추진하기로 결정했다.

에펠은 먼저 세 사람이 출원한 디자인 특허권을 사들였다. 그리고 만국박람회의 고층탑 건설은 사실상 수의계약으로 따낼 수 있으리라고 자신했다. 이런 자신감은 결코 무리가 아니었다. 누가 에펠을 넘볼 수 있단 말인가. 에펠은 몇 가지 기술적인 문제점을 보완한 뒤 탑의 디자인을 1884년 가을, 장식미술 박람회에 출품했다.

에펠의 고층탑 설계안이 언론에 공개된 이후 1886년 초까지 아무 일도 일어나지 않았다. 1886년 5월, 파리 만국박람회 예산안이 국회를 통과한 직후 만국박람회 주무장관인 통상부 장관이 고층탑 설계안을 공모를 통해 선정한다고 공표했다. 이미 내부적으로 가장 높은 점수를 받고 있던 에펠의 디자인은 다른 공모안들과 함께 다시 평가를 받게 되었다. 공모안은 모두 700여 건이 제출되었는데, 예심을 거쳐 최종심에 18개가 올랐다. 이들 공모안은 샹드마르 광장에 전시되어 심사를 받았다.

에펠사의 설계안과 나머지 17개의 설계안을 비교해 보면 건축적, 기술적, 미학적으로 에펠사의 설계안이 얼마나 혁신적이었는지가 한눈에 가름된다. 다른 설계안들은 무엇보다 미학적으로 에펠사의 설계안과 비교가 되지 않았다.

심사위원회의 판단 역시 다르지 않았다. 심사위원회는 6월 에펠사의 제안이 모든 필요충분조건을 갖춘 유일한 제안서라는 결론을 내렸다. 1887년 1월, 계약서가 작성됐다. 에펠은 회사 대표로서가 아니라 개인 자격으로 서명했고, 통상부는 에펠에게 150만 프랑을 건설 비용으로 지급했다. 그런데 이 비용은 에펠의 제안서에 적힌 650만 프랑의 4분의 1에 불과한 금액이었다. 에펠은 전시회 기간을 포함해 20년간 상업적 사용료 수입을 받는 조건으로 계약서에 도장을 찍었다. 에펠은 나머지

건설비 500만 프랑을 조달할 능력이 있었다.

즉시 샹드마르 광장에서 기초공사가 시작되었다. 같은 날 에펠탑 건설에 반대하는 '300인 위원회'가 결성되었다. 당대의 내로라하는 인사들 상당수가 300인 위원회에 참여했다. 이들이 반대하는 이유는 크게 두 가지였다. 하나는 300미터에 달하는 탑의 실현 가능성을 믿지 못하겠다는 것과 다른 하나는 미학적 기준에서 에펠탑이 흉물이 될 거라는 입장이었다. 300인 위원회에는 소설가 기 드 모파상, 에밀 졸라도 포함되었다. 이들은 정부에 반대 청원서를 제출하고 일간지에 광고를 내기도 했다. 온갖 비난과 혹평은 앞에서 소개한 대로다.

300인 위원회의 반대 논리를 잠깐 들여다보자. 19세기 파리는 돌이 지배했다. 건축 자재로서 돌과 철의 대결에서 철재는 언제나 석재에 완패했다. 철기 시대가 시작된 때가 기원전 4000년 전 일이지만 석재는 인류 역사 이래 언제나 삶의 공간을 지배해 왔다. 인간은 육중한 석재만이 품위를 보장하는 최고의 건축자재라고 믿어 의심치 않았다. 철골이 밖으로 그대로 노출되는 것은 저속하고 천박한 건축물로 간주되었다. 역사 지붕, 다리 난간 등과 같은 곳에서만 제한적으로 허용되었고 될 수 있으면 철골을 벽돌 속에 감추려 했다. 그러니 300인 위원회가 결사반대한 것은 당시 문화에 비춰볼 때 당연했다.

무엇보다도 작가와 예술가들은 과학기술을 이해하는 데 한계가 있다. 파리 한복판, 사통팔달의 샹드마르 광장에 오로지 철골로만 된 고층탑을 세운다고 했으니, 그들의 거부감이 어땠을까. 예술가 중에서 에펠을 옹호한 이는 폴 고갱뿐이었다. 에펠은 신문 인터뷰에서 에펠 탑을 당당하게 옹호했다.

"나는 에펠탑이 그 나름의 아름다움을 갖게 될 거라고 생각한다.

봉 마르세 백화점 천장

(……) 진정한 힘이란 절묘한 조화로움에서 우러나오는 게 아니겠는가? 그런데 탑의 제작에서 내가 일차적으로 고려했던 건 바람에 대한 저항력이다. 나는 엄정한 계산에 따라 도출된 값으로 만든 탑의 네 모서리가 곡선을 이루어 탑을 한층 더 강하고 아름답게 만들어줄 것이라 확신한다."

에펠탑 이전에 파리 시내에 철골이 드러난 건축물은 거의 없었다. 에펠의 명성은 누구나 다 알고 있었지만 에펠이 손을 댄 프로젝트들은 대부분 파리에서 멀리 떨어진 지역에 있었다. 굳이 찾아내자면 파리 시내 한복판의 봉 마르세 백화점이 거의 유일했다.

봉 마르세는 1852년에 세워진, 세

계 최초의 백화점이다. 근대 백화점의 시조인 봉 마르셰는 여러 방면에서 '최초'라는 기록을 갖고 있다. 대표적인 것이 세계 최초로 시행한 정찰제다. 모노프리(monoprix), 즉 하나의 가격만을 물건에 표시했다. 봉 마르셰는 쁘렝땅 백화점이나 갤러리 라파에트와 달리 관광객들의 발길이 뜸한 곳이다. 해외 단체 관광객들의 소란스러움이 없는, 파리지엥이 애용하는 백화점이다.

에펠은 봉 마르셰 확장공사에서 구조설계를 맡았다. 철근 골조를 노골적으로 드러내지 않은 채 석재 마감과 결합시켜 거부감을 최소화했다. 천장 공사에서만큼은 철골을 스테인드글라스의 테두리로 사용해 철근 골조의 미학을 선보였다. 에밀 졸라는 자신의 소설에서 에펠의 과감하고 혁신적인 시도에 박수를 보내기도 했다.

봉 마르셰 백화점은 지하철 10호선과 12호선이 만나는 '세브르 바빌론' 역 근처에 있다. 백화점은 신관과 구관이 작은 골목길을 사이에 두고 나란히 서 있다. 에펠의 창조성이 배어 있는 공간은 구관 3층이다. 엘리베이터를 타고 단번에 올라가는 방법도 있지만 이왕이면 에스컬레이터를 이용해 보자. 이것이 160년도 넘은 세계 최초의 백화점 내부를 감상할 수 있는 방법이다.

구관 3층으로 올라가니 시선이 한 곳으로 쏠렸다. 신발 매장이었다. 매장은 에펠이 설계한 천장 유리 골조 바로 아래에 있다. 부드러운 자연광

봉 마르셰 백화점 천장의 스테인드글라스. 지금은 강화 유리로 바뀌었다.

이 매장 전체를 감싸고 있었다. 역시 인공조명과는 차원이 달랐다. 에펠의 조형 세계가 파리지엥의 생활 속에 침투해 있는 현장이다. 에펠이 처음 설계했을 당시에는 스테인드글라스였지만 현재는 강화 유리로 바뀌었다. 백화점 측은 철골 구조 아래에 별도의 철골 구조를 설치해 신발 전시공간으로 사용하고 있었다. 일견 복잡한 듯 보이면서도 나름의 원칙과 질서가 공간을 구획하고 획정하고 있었다.

바람과 무게를 이기다

드디어 에펠탑 공사가 시작되었다. 먼저 축구장 면적만한 바닥에 거대한 철제 기둥 4개를 세운 뒤 이를 콘크리트로 메웠다. 철제 기둥 4개가 완성된 때가 1887년 12월 7일이었다. 에펠은 철제 기둥 위에 탑의 본체를 얹는 방식으로 공사를 추진했다.

그로부터 불과 103일 만에 1층이 완성됐다. 1층 높이는 57미터, 면적은 4,200제곱미터. 아마 세계의 모든 건축물 중에서 에펠탑은 1층이 가장 높은 건축물이 아닐까. 에펠은 2층까지 엘리베이터와 계단을 설치해 오르내리도록 했다.

가라비 철교는 에펠탑의 전신으로 일컬어진다. 에펠은 고층탑을 세우면서 가라비 철교를 건설할 때 적용했던 것과 동일한 건축 기술을 사용했다. 난이도 면에서 보면 오히려 가라비 고가철교 공정이 고층탑보다 더 어려웠다. 계곡 사이에 걸쳐놓은 167미터의 철교를 지상에 그 두 배 높이로 세운 게 에펠탑이다. 고층탑과 관련한 최초의 디자인은 에펠사 엔지니어들의 머리에서 나온 것이지만 건축 노하우는 에펠만이 갖고 있었다.

에펠탑의 건축 과정

1층을 완성하는 데 103일이 걸린 것으로 미뤄 에펠 입장에서는 1층을 완성하는 공정이 가장 힘들었던 것 같다. 그 다음부터는 모든 공정이 순조롭게 진행되었다. 1층에서 2층까지 올라가는 데는 3개월로 단축되었다. 312미터 높이의 탑을 세우는 데 걸린 시간은 정확히 1년 10일에 불과했다.

에펠이 탑을 건설하면서 가장 신경을 쓴 것은 바람의 압력을 어떻게 이길 것인가 하는 문제였다. 그는 개개의 부재(部材)를 삼각형 형태로 서로 이어서 결구(結構)를 만들어가는 트러스(truss) 공법을 사용했다. 아주 작은 부분에서 트러스 형태로 하중을 분산·지탱하고, 이런 부분들의 조합이 전체를 이뤄 하중을 분산·지탱하는 구조다. 사방이 뻥 뚫

에펠탑 내부 클로즈업.
리벳으로 이뤄진 에펠탑

린 트러스 구조는 바람의 압력을 버틸 수 있게 해준다. 아무리 거센 바람이 불어도 에펠탑은 7센티미터 이상 흔들리지 않는다. 에펠탑은 가리고 숨기는 게 없다. 다 통하고 다 열려 있다. 소통과 개방의 미학이다!

에펠탑은 셀 수 없이 많은 삼각형이 모여 이뤄진 삼각형 탑이다. 그 하나하나의 삼각형을 지탱하는 것은 볼록하게 나온 리벳(rivet)이다. 건축 용어인 리벳은 철판과 철판을 접합해 이어붙이는, 볼트와 같은 역할을 한다. 탑 건축에 250만 개의 리벳이 들어갔다. 에펠탑을 일컬어 '리벳의 향연'이라는 말이 나오게 된 배경이다. 리벳 작업 인부들은 4인이 한 조로 매일

100명 이상이 탑 위에 올라가 작업했다. 작가 마르틴 뱅상은 저서《에펠 스타일》에서 리벳 작업공들의 작업 장면을 이렇게 묘사했다.

"나이 어린 견습생들은 작은 화덕에서 리벳을 발갛게 달구었고, 못을 잡고 서 있는 사람은 이미 형태가 완성된 못 머리를 쥐고 구멍 속에 리벳을 집어넣은 상태에서 이를 고정한다. 반대편에서는 다른 쪽 끄트머리를 두드리고 짓이겨서 또 다른 리벳 머리를 만든 뒤, 망치로 리벳을 두드리는 역할을 맡은 사람이 세게 내리쳐서 납작하게 찧어 작업을 완성한다."

이런 규모의 공사라면, 상식적으로 공사 과정에서 적지 않은 인명사고가 발생했을 것이다. 우리는 공사 현장에서 발생하는 수많은 안전사고를 일상적으로 접하고 산다. 믿기 어렵겠지만 에펠은 고층탑을 예정한 날짜에 맞춰 완공하면서 단 한 명의 사상자도 내지 않았다. 2년간 예상 밖의 기상 변화도 있었지만 이런 변수들조차 예정된 공사기일을

에펠탑의
리벳 작업 인부들

늦추지는 못했다.

　어떻게 이런 일이 가능했을까. 에펠은 이미 물살이 빠른 협곡에 가로질러 놓는 교량과 철교 경험이 풍부했다. 처음부터 끝까지 단 1밀리미터의 오차도 허용하지 않는 완벽한 설계도로 공사를 시작했고, 인부들은 설계도와 시간표대로 움직였다. 에펠은 모두 1,700여 장의 설계도면을 그렸다. 이어 각각의 설계도면에 들어가는 3,700장의 부분 도면을 완성했다. 르발루아 작업실에서 제작된 모든 철판과 들보와 리벳에는 연번호가 매겨져 있었고, 이것을 열차로 공사 현장에 실어 날랐다. 300명의 공사 인부들은 이 번호 순서대로 그날그날의 시간표에 맞춰 조립해 나갔다.

　에펠은 고층탑을 건축하면서 두 명의 엔지니어에게 큰 신세를 졌다. 헨리 베서머와 엘리샤 오티스가 그 주인공이다. 헨리 베서머가 개발한 강철 제조 기술이 없었다면 에펠탑은 실현 불가능했다(세계 철강업계는 베서머의 업적을 기리는 뜻으로 '베서머 상'을 제정했다. 베서머 상은 철강의 노벨상이라 불리는 권위 있는 상이다. 포스코를 세운 박태준이 한국인 최초로 베서머 상을 수상했다). 강철은 강도, 연성(延性), 편리라는 3개 측면에서 석재를 압도했다. 베서머에 의해 강철의 대량 생산이 가능해졌다. 에펠은 312미터 높이의 탑을 완성함으로써 강철의 효용성을 세계 만방에 알렸다.

　건축을 모르는 평범한 사람은 그 높은 데까지 어떻게 철재를 옮겼을까 궁금해 한다. 19세기는 인류 역사에서 과학기술의 진보가 가장 눈부신 시기였다. 과학기술의 발달과 함께 예술도 활짝 꽃피운 시기였다. 전화, 무선통신, X선, 영화, 자동차, 비행기 등이 발명되면서 예술도 이에 자극받아 다다이즘, 입체파, 야수파 등 새로운 시도와 발전을 거듭했다. 학문 분야도 마찬가지여서 정신분석학과 상대성이론이 싹트

만국박람회 당시 운행
중인 오티스 엘리베이
터 모습

기 시작했다.

바로 이 시기에 에펠탑 건설에 직접적인 영향을 미친 과학기술이 발명되었다. 여기서 엔지니어 엘리샤 오티스가 등장한다. 오티스(Otis)? 어딘지 귀에 익지 않은가? 우리는 도시생활에서 하루에도 몇 번씩 엘리베이터를 이용한다. 그 엘리베이터 제조사 이름에서 우리는 '오티스'를 숱하게 보아왔다. 오티스는 1853년에 수압식 승용 엘리베이터를 발명했다. 에펠은 엘리베이터를 공사에 이용했다. 엘리베이터가 없었다면 2년 2개월이라는 공사기일 안에 완공한다는 것은 애초에 불가능했다.

파리 중심가, 그러니까 개선문을 중심으로 방사형 불바르 변에는 19세기 중후반에 지어진 7~10층짜리 고색창연한 아파트들이 즐비하다. 100년도 훨씬 넘은 이런 아파트들에 비좁고 낡은 엘리베이터가 설치되어 있다. 19세기 중후반에 오티스 엘리베이터가 공동주택에 보급되었다는 증거다. 엘리베이터가 없이 계단을 이용해야 한다면 고층 아파트 건설은 불가능했을 것이다.

프랑스의 상징이 되다

1889년 3월 30일, 마침내 에펠탑이 세상에 모습을 드러냈다. 312미터 높이의, 세상에서 가장 높은 건축물이 파리 한복판에 우뚝 섰다. 그 전까지 세계에서 가장 높은 조형물은 워싱턴DC의 워싱턴 기념비였다.

워싱턴 기념비는 170미터다(1949년 뉴욕 맨해튼에 크라이슬러 빌딩이 등장하기 전까지 에펠탑은 세계 최고의 지위를 지켰다).

에펠탑이 완성되자 '300인 위원회'의 목소리가 들릴 듯 말 듯 작아졌다. 모파상만은 자신의 입장을 바꾸지 않았다. 모파상은 이렇게 말했다. "나는 에펠탑 때문에 파리를 떠나기로 했다. 그것은 참을 수 없는 고통이다." 말은 그렇게 했지만 그렇다고 파리를 떠날 수는 없는 일. 모파상이 점심식사를 에펠탑 아래에서 했다는 일화는 유명하다. 그게 에펠탑을 보지 않고 식사를 하는 유일한 방법이었기 때문이다.

에펠탑의 등장으로 프랑스 혁명 100주년 기념 파리 만국박람회는 대성공이었다. 모파상 등 일부를 제외한 대부분은 에펠탑과 에펠에 대한 찬사를 보냈다. 지금까지 에펠이 완성한 교량과 철교들은 땅과 땅을 잇는, 평면에서의 작업이었다. 그러나 에펠탑은 창공을 지향했다. 무한한 하늘을 향해 가장 높이 치솟았다. 고대 바빌로니아인이 시도했던 바벨탑 이래 인류가 이렇게까지 높은 공간에 올라간 것은 처음이었다. 인류는 공간 정복의 꿈을 마침내 실현했다.

에펠탑은 원래 20년이라는 한시적 수명으로 계획되고 지어졌다. 1910년에 철거될 운명으로 태어난 건축물이다. 1853년 런던 만국박람회의 수정궁전이 하이드파크에 세워졌다 철거된 것처럼. 하지만 에펠탑은 수정궁전과

1889년 파리 만국박람회장에 세계의 관람객이 몰려들었다. 거대한 박람회장 위로 위용을 떨치고 있는 에펠탑

달랐다. 에펠탑은 시간이 흐르면서 누구도 예상하지 못한 새로운 의미와 가치가 부가되고 축적되면서 파리의 상징으로 부상했다. 에펠탑은 만국박람회 기간 6개월 동안 모든 전시관 위에 군림했다. 10만 명이 에펠탑에 올라가 과학기술이 창조한 신세계를 눈과 발과 가슴으로 느끼고 확인했다. 파리는 에펠탑의 존재로 인해 '아름다운 시절'을 뜻하는 '벨 에포크(belle epoch)'의 중심지가 되었다.

에펠탑에 가는 방법은 여러 가지가 있다. 버스, 택시, 지하철, 배까지 모든 대중교통이 다 가능하다. 에펠탑 바로 앞에 서는 버스도 있고, 샹드마르에 서는 지하철도 있다. 센 강을 오가는 유람선도 에펠탑 바로 아래, 이에나 다리 밑에 승객을 싣고 부린다. 그런데 에펠탑을 가장 극적으로 만나고 싶다면? 바로 지하철 트로카데로 역에서 가는 방법이다. 지하철 6·9호선 플랫폼에 내리면 '투르 에펠(Tour Eiffel)'이라는 안내판이 보인다. 안내에 따라 출구를 나서면 세일롯 궁전이다. 센 강이 내려다보이는 전망 좋은 세일롯 언덕 위에, 나폴레옹의 특별 지시로 지어졌다고 해서 세일롯 궁전이라는 이름이 붙었다. 현재 국립극장으로 사용되는 세일롯 궁전을 왼편에 끼고 모서리를 돌면, 마치 무대의 막을 일순간에 확 펼친 것처럼 에펠탑이 한눈에 들어온다. 그 순간의 감동은 누구도 잊을 수 없을 것이다.

세일롯 궁전과 세일롯 극장 사이에

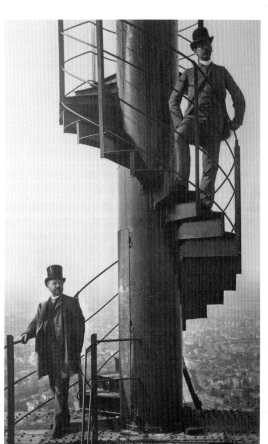

에펠탑의 나선형 계단에 선 에펠(아래)과 그의 사위이자 동업자인 아돌프 살

직사각형의 광장이 나오는데, 트로카데로 광장이다. 에펠탑을 배경으로 한 '장면 연출'에 가장 자주 등장하는 장소다. 코코 샤넬과 같은 명품 브랜드들의 모델들은 이곳을 런웨이로 삼았고, 1940년 6월의 히틀러도 여기서 올라갈 수 없는 에펠탑을 연모했다.

트로카데로 분수와 에펠탑

트로카데로 분수로 내려가보자. 오른쪽 계단은 길거리 가수들의 즉석 공연장이다. 공연 내용만 좋으면 계단을 가득 메운 세계 각국의 여행객들로부터 수백 유로를 벌 수도 있다. 계단을 내려오면 대리석이 깔린 직사각형 공간이 나타나는데, 꼭 무도회장의 플로어 같다. 바람이 싱그러운 해거름녘이 되면 이곳은 야외 무도장으로 변한다. 파리지엥이라면 누구 할 것 없이 음악에 맞춰 왈츠를 춘다. 트로카데로 분수가 물을 뿜고, 물줄기 너머로 에펠탑이 말없이 내려다본다. 베르사유 궁전의 무도회장이 부럽지 않다. 파리가 사무치도록 아름다워지는 순간이다.

트로카데로 분수를 지나 이에나 다리를 건너면 에펠탑이다. 세계의 여름 방학이 시작되면 에펠탑 아래와 샹드마르 광장은 말 그대로 인산인해를 이룬다. 마치 《윌리를 찾아서》의 한 페이지가 실제로 눈앞에서 펼쳐지는 것 같다. 한 가지 유념할 것은 트로카데로 분수 주변에 5~6인조 야바위꾼들이 진을 치고 있다는 사실. 파리 여행에 들뜬 나머지 평상심을 잃은 여행객들의 지갑을 노린다.

에펠탑, 히틀러를 거부하다

에펠탑 매표소는 동서남북 네 곳이다. 표를 미리 사놓지 않았다면 누구라도 줄을 서야 한다. 나도 표를 사기 위해 남쪽 매표소에서 줄을 섰다. 지루하고 지루한 기다림! 에펠탑은 2층, 3층, 4층 층수별로 표를 구분해서 판다. 요금이 각기 다르다. 문득 1940년 이곳에 왔지만 에펠탑에 오르지 못한 채 발길을 돌려야 했던 콧수염의 남자가 떠올랐다.

1940년 6월 14일, 그는 독일군을 이끌고 파리를 무혈점령했다. 프랑스 정부는 어차피 파리를 지킬 수 없는 상황에서 저항해 봤자 도시만 파괴될 수밖에 없다는 것을 우려해 파리를 포기했다.

점령군 입장에서 생각해 보자. 파리를 점령한 뒤 어디를 가장 먼저 가보고 싶은지를. 물어볼 것도 없이 에펠탑이다. 히틀러는 나치 수뇌부를 이끌고 당당한 걸음으로 에펠탑으로 갔다. 에펠탑 꼭대기 층에서

에펠탑을 방문한 히틀러가 트로카데로 광장을 걷고 있다.

나폴레옹처럼 정복자의 시선으로 파리를 굽어보고 싶었다. 그의 오랜 꿈이었다. 그런데 히틀러는 에펠탑에 올라갈 수 없었다. 엘리베이터가 고장 났기 때문이다. 에펠탑 관리 책임자가 일부러 부속품을 없애버린 것이다. 비록 파리는 나치에게 내줬지만 히틀러가 에펠탑에 올라가 파리를 굽어보는 수모만큼은 피하겠다는 마지막 자존심이었다. 관리책임자는 전시상황이라 부속품을 구하기 어렵다는 그럴듯한 핑계를 댔다. '전시상황'이라는 말에 히틀러는 수긍했다.

결국 히틀러는 에펠탑에 올라가지 못한

채 트로카데로 광장에서 에펠탑을 올려다보며 감상할 수밖에 없었다. 에펠탑에 올라가보지 못한 히틀러의 심정이 어땠을까. "나는 파리를 점령한 것이지 에펠탑을 점령한 것이 아니다"라는 히틀러의 말 속에 그 복잡한 심경의 일단이 드러난다. 대신 히틀러는 에펠탑 꼭대기에 나치 깃발을 꽂아 나부끼게 하라고 지시했다. 독일군 병사들은 계단을 힘겹게 올라 꼭대기에 나치 깃발을 꽂았다. 하지만 깃발이 너무 큰 나머지 오래 버티지 못하고 바람에 날아가 버렸다. 파리지엥은 군사력이 약해 파리를 지켜내지는 못했지만 히틀러에 에펠탑을 허락하지 않아 그 도도한 자존심을 지켜냈다.

1944년 노르망디에 상륙한 연합군이 파리 인근까지 진격하자 히틀러는 파리 퇴각을 결정하면서 콜티츠 장군에게 한 가지 명령을 내린다. "에펠탑을 파괴하라!" 그러나 콜티츠 장군은 에펠탑이 갖는 역사적 가치를 이유로 명령을 거부했다.

에펠탑 철골 레이스 장식 디테일. 마크 리부 사진, 1964

드디어 히틀러도 탑승하지 못한 엘리베이터를 타고 에펠탑에 오른다. 어느 곳에서 타든 '수압식 승강기'가 작동하는 원리를 눈으로 확인할 수 있다. 엘리베이터가 위쪽에서 내려오자 지름이 2미터가 넘어 보이는 거대한 노란색 원통 두 개와 붉은색 원통 한 개가 지하에서 서서히 부상한다. 누구라도 눈이 휘둥그레질 수밖에 없는 광경이다. 엔지니어를 은근히 경시하는 학자들이나 자신들이 세상을 움직인다고 믿는 정치인들은 적어도 이 순간

만큼은 세상을 움직이는 것이 실상은 과학기술이라는 사실을 뼈저리게 실감한다.

에펠탑에서는 모든 고정관념과 선입견과 편견이 깨진다. 승강기는 수직으로 움직이는 것이 아니라 경사면을 따라 사선으로 움직인다. 이건 시작에 불과하다. 에펠탑의 진수를 만끽하려면 2층이나 3층까지 올라가야 한다. 그리고 최소한 한나절 이상 머물며 한 끼 정도는 에펠탑 위에서 해결해야 한다. 그래야만 에펠탑의 진수를 오감으로 느낄 수 있다. 2층에는 '58 Tour Eiffel' 식당이, 3층에는 '쥘 베른' 식당이 있다.

에펠탑 3층의 레스토랑 '쥘 베른'

에펠탑은 선과 공간에 대한 상식, 선입견, 고정관념을 가차없이 깨부순다. 대칭과 균형이라는 고대 그리스부터 수천 년 동안 내려온 미학 개념은 산산이 부서진다. 딱딱한 직선과 부드러운 곡선의 미학이 에펠탑처럼 최고조로 드러난 건축물이 지구상에 또 있을까. 직선과 곡선이 무질서하게 교차해 창조해 내는 비정형의 공간! 삼각형, 사각형, 오각형, 육각형, 팔각형 등 각면의 길이가 똑같은 것만 알던 나는 혼란스럽기만 하다. 각 면의 길이가 제각각인 11면체도 있고 13면체, 15면체, 17면체도 있다. 세상에 이런 면체도 있을 수 있구나. 이런 비정형의 면체를 통해 들어오는 하늘의 모양은 얼마나 다채로운가. 2층에 있는 식당에서 종업원이 사용하는 쟁반용 바구니도 예사롭지 않다. 바로 비정형의 철골 구조로 만들어져 있다.

파리에 단 하루만 머무는 사람도 반드시 에펠탑을 찾는다. 기왕에 에펠탑까지 왔다면 구스타브 에펠에 대한 경의를 표하고 가는 게 어떨까. 북쪽 출입구 쪽에 가면 작은 화단 속에 황금색 에펠 흉상이 있다. 앙투안 부르델의 작품으로 1929년에 세워졌다. 에펠은 탑 아래서 고개를 치켜올린 채 탑에 경탄을 보내는 사람들을 말없이 지켜보고 있다.

에펠탑 아래의 에펠 흉상

에펠탑의 페인트공

에펠탑이 현대생활과 예술에 미친 영향은 일일이 나열하기 힘들 정도다. 에펠은 소재 자체에 미적 아름다움이 내재되어 있다는 사실을 일찍이 깨달은 엔지니어였다.

에펠탑은 세상의 수많은 예술가들에게 모티브를 제공했고 명품 브랜드의 공짜 모델이 되었다. 예술가들은 자기만의 언어로 에펠탑을 묘사하고 표현했다. 사진가는 사진가의 시각으로, 조형예술가는 그만의 감각으로 에펠탑의 이미지를 변주해 냈다.

수많은 사진가들이 에펠탑을 카메라에 담았다. 에펠탑과 관련해서

마크 리부의
〈에펠탑의 페인트공〉

가장 강렬한 사진을 남긴 사람은 마크 리부가 아닐까. 사진가의 이름은 몰라도 〈에펠탑의 페인트공〉 하면 대부분 고개를 끄덕일 것이다. 〈에펠탑의 페인트공〉은 1953년 《라이프》 지에 실려 세계적으로 유명세를 탔다. 한 젊은 남자가 에펠탑에 도색 작업을 하는 모습이 리부의 카메라에 잡혔다. 안개에 덮인 파리 시가지가 까마득히 내려다보이는 가운데 페인트공이 태평스럽게 왼손으로 중심을 잡고 오른손으로 페인트칠을 한다. 삼각형의 철골 구조물 속에서 남자는 마치 구름 위에서 춤을 추는 듯하다. 마크 리부는 어떻게 이 사진을 찍었을까. 50년 뒤에 리부는 이 사진을 찍게 된 과정을 회고했다.

"나는 나선형으로 구부러진 계단을 타고 에펠탑에 올라갔다. 손에는 살아생전 아버지께서 쓰셨던 라이카 카메라 한 대가 들려 있었다. 1차대전이 터졌을 때, 아버지는 라이카 카메라를 들고 전쟁터로 떠나셨고, 전투가 벌어지는 동안 참호에서 이 카메라로 사진을 찍으셨다. 말하자면 매우 간소한 카메라로, 그리 거추장스러운 카메라는 아니었단 소리다. 하지만 젊은 시절, 내가 한 번도 손에서 놓아본 적이 없는 카메라였다. 나는 에펠탑의 페인트공과 함께 소시지 한 쪽을 나눠 먹었다. 그의 이름은 '자주'라고 했다. 그는 무척 재미있는 사람이었다. 이어 그는 하던 일을 계속했고, 나는 그의 작업을 방해하지 않고 가만히 지켜보았다. 그리고 적절한 순간을 포착하고 좋은 구도를 잡기 위해 자리를 잡았다. 내가 찍은 건 단 한 장의 사진뿐이었다. 1953년 당시에는 필름이 귀했으므로 필름을 낭비할 수 없는 상황이었다."

마크 리부의 작품들은 지금 세계를 돌며 전시중이다. 한국에도 와서 2012년 처음 예술의전당에서 관객들과 만났다. 수십 점의 작품이 전시되었지만 내게도 역시 가장 인상적인 작품은 〈에펠탑의 페인트공〉이었다. 에펠탑 철골 구조의 기하학적 아름다움과 춤사위 같은 페인트공의 동작! 마크 리부의 친구이기도 한 사진가 카롤린 아비톨은 이 작품에 대해 이런 해석을 내놓았다.

"원래 에펠탑은 프랑스의 정치적·산업적 위력밖에 느껴지지 않는 금속 구조물이었다. 마크 리부는 그런 에펠탑에서 마치 유리로 된 성당에서나 있을법한 초월성이 느껴지도록 했다. 그는 우리에게 완전히 개방된 자유로운 느낌을 심어주었다. 그리고 허공에 대한 영원한 이끌림을 느끼게 해주었다."

에펠탑 이후 디자인, 가구 등에서는 '에펠 스타일', '에펠 시스템', '에펠풍'의 새로운 흐름이 대두됐다. 1950년 실내장식가 장 루아예르는 금속 소재를 이용해 일련의 가구를 제작했는데, 그는 이를 '에펠 시스템'이라고 명명했다. 코코 샤넬, 크리스찬 디올, 루이뷔통, 에르메스, 장 폴 고티에 등의 명품 브랜드들은 자사의 제품을 홍보하려 에펠탑을 활용했고, 대상을 더 빛나게 만드는 속성을 가진 에펠탑은 명품 브랜드에 품격을 불어넣었다.

에펠탑은 꿈과 환상이다. 1928년 미국에서 출시된 고급 향수 '이브닝 인 파리'는 나오자마자 대박을 터트렸다. 이 향수가 담긴 상자에는 에펠탑의 이미지가 담겨 있었다. 이 향수를 사용한다는 것은 파리의 향

에펠탑을 배경으로 서 있는 크리스찬 디올의 모델들

기를 맡는다는 은유가 적중했다. 디올 옴므의 향수 '랑데부', 니나리치의 향수 '리치리치', 이브 생 로랑의 향수 '파리', 샤넬의 '샤넬 No. 5' 등 최고급 명품 향수들의 광고에는 하나같이 에펠탑이 등장한다. 명품 브랜드들은 마지막 결정적인 순간에, 가장 극적으로 에펠탑의 이미지를 끌어들인다.

패션에 에펠탑의 이미지가 활용되는 것은 충분히 예상할 수 있는 부분이다. 그러나 속옷에까지 에펠탑이 파고들었다고 하면, 이건 얘기가 다르다. 프랑스의 고급 란제리 브랜드 중 '루(Lou)'가 있다. 루 속옷 라인에서는 에펠탑의 철골 레이스 장식 모티브를 활용하여 제품에 포인트를 주었다.

몽블랑 만년필은 최근 91개로 한정된 스페셜 에디션을 내놓았다. 91개는 에펠의 향년 91을 뜻한다. 에펠탑과 에펠을 기념하기 위해 증손녀 발레리 쿠페리와 합작으로 백금 19캐럿을 소재로 한 한정판 몽블랑이 탄생되었다. 초정밀 기술과 장인정신의 결정체인 몽블랑이 에펠을 위해 헌정한 만년필. 세상에 91개뿐인 만년필을 소유한다는 것은 얼마나 마음 설레는 일일까.

에펠탑이 태어난 지 120년이 되는 2009년 말, 파리에서는 흥미로운 경매가 열렸다. 경매 제목은 '내 사랑 파리'. 파리를 상징하는 가로등,

신문 가판대 등 300여 개의 품목이 나왔다. 그 중 하나가 에펠탑의 나선형 계단의 한 구간이었다. 나선형 계단 구간은 원래 2층에서 3층으로 올라가는 구간에 있었는데, 안전상의 이유로 철거되면서 경매에 나왔다. 계단 구간은 10만 유로에 낙찰됐다. 계단 구간은 모두 제각각의 크기로 24개로 분해되어 세계 각국의 수집가들 손에 들어갔다. 그 중 하나는 에펠탑에 보존되어 있고, 세 개는 프랑스 박물관에 기증되었다.

일본 야마나시 현의
에펠탑 계단

나머지 20개는 세계 각국으로 팔려나갔는데, 그 중 하나가 일본 야마나시 현에 있다. 야마나시 현은 도쿄에서 자동차로 2시간 걸리는 곳. 에펠탑 계단이 있는 정확한 위치는 야마나시 현 호쿠토시 나카사키 마을의 키요하루 예술촌의 정원 한가운데. 야마나시 대학 정치학과 교수로 있는 친구 김기성에게 에펠탑 계단 이야기를 했다. 그랬더니 김 교수가 하루 날을 잡아 키요하루 예술촌을 다녀와 직접 찍은 사진을 내게 이메일로 보내주었다. 책에서 텍스트로 읽은 것을 실제 사진으로 보니 감회가 특별했다. 극히 일부분에 불과하지만 에펠탑이 세상을 주유(周遊)하다 이웃나라 일본에까지 가 있으니 말이다.

"고마워요, 구스타브"

에펠은 일과 집밖에 모르는 남자였다. 문화예술 분야에서 이름을 드날린 천재들이 여성 편력을 성공의 건장처럼 달고 다니는 것과 비교하면 에펠은 예외적인 경우다.

에펠은 철골 구조 설계사로 성공한 뒤인 1862년 마르그리트와 결혼한다. 경제적으로 안정을 찾은 뒤에서 부부는 큰 문제없이 행복한 결혼생활을 이어갔다. 부부는 2남 3녀를 두었다. 그런데 포르투갈의 마리아 피아교 완공을 앞둔 1877년, 아내 마르그리트가 눈을 감았다. 아내를 끔찍이 사랑했던 에펠은 사별 후에도 재혼하지 않았다. 에펠탑 성공 이후 그는 명예와 부를 양손에 거머쥐었음에도 불구하고 독신으로 지냈다.

말년의 에펠은 불운으로 곤욕을 치르기도 했다. 수에즈 운하 건설로 대박을 터뜨린 외교관 출신 페르디낭드 러셉스가 다시 파나마 운하 건설에 뛰어들면서 에펠에게 투자를 요청한 것이다. 에펠은 개인 돈과 함께 투자 펀드를 만들어 파나마 운하에 투자했다. 러셉스는 파나마 운하의 현장 조건이 수에즈 운하의 그것과 결정적으로 다르다는 사실을 간과했다. 수에즈 운하 건설 때에는 지중해와 홍해의 수면이 수평에 가까웠지만, 파나마 운하는 대서양과 태평양의 수면 높이가 차이가 났다. 난공사의 연속에 인부들이 모기가 옮기는 황열병으로 쓰러지면서 공사 기일이 계속 지연되었다. 결국 운하 건설은 무산되었고 에펠은 투자금을 전부 날렸다. 에펠은 투자자들로부터 사기죄로 고발당한다. 결국 유죄판결을 받았고, 그 충격에 회사 대표에서 물러나고 만다.

파나마 운하 스캔들을 제외하면 에펠의 말년은 평온했다. 1923년 12월 28일 라블레 가의 자택에서 노환으로 눈을 감았다. 에펠은 자기 절제를 하면서 살았던 결과일까. 19세기 인물로는 매우 드물게 91세까지 장수했다. 에펠은 르발루아 시 공원묘지에 묻혔다.

에펠이 영면한 곳을 찾아나섰다. 르발루아 시의 에펠 도서관을 나와 왼쪽으로 가면 '빅토르 위고' 길과 만난다. 지도를 보니 르발루아 공원 묘지는 '빅토르 위고' 길이 끝나는 지점에 있다. 택시는 보이지 않고 버스를 타기에는 거리가 가까워 보여 잠시 고민하다 걷기로 한다. 하지만 뙤약볕 아래 걷다 보니 금방 목이 타들어갔다. 그때 마침 '빅토르 위고' 카페가 보였다. 같은 값이면 하는 마음으로 문호 이름이 상호로 걸린 카페로 들어가 갈증부터 달래기로 한다. 프랑스의 크고 작은 도시에서 가장 많이 등장하는 길 이름이 '빅토르 위고'다. 그 다음이 아마 '드골'일 것이다. 한 사회의 구성원의 정신세계와 지향하는 가치를 알아보려면 그 사회가 기리는 인물을 보면 된다는 말이 있다.

르발루아 묘지 중앙길

'빅토르 위고' 길이 끝나는 지점은 삼거리로, 이정표 여러 개가 보였다. 삼거리에서 묘지 입구까지는 가까웠다. 묘지 관리인은 묘지 지도에 에펠의 묘를 표시해 주었다. 에펠은 10번 구역에 있다. 묘지가 파리의 페르 라셰즈나 몽파르나스처럼 크지 않아 찾

에펠의 가족묘

기가 쉬웠다. 에펠의 묘지에는 화환이 걸려 있어 눈에 쉽게 띄었다. 에펠은 가족묘에서 안식 중이었다.

"구스타브 에펠이 이곳에서 쉬다."

가족묘 앞은 구역을 나누는 아담한 삼거리. 가족묘 정면에는 작은 나무 벤치가 놓여 있다. 여기까지 오느라 힘들었을 테니 잠시 호흡을 고르면서 에펠을 추모해 달라는 배려 같아 저절로 미소가 지어진다.

잠시 벤치에 앉아 에펠을 생각했다. 사실 40도에 육박하는 폭염 속에서 에펠의 묘지를 찾아가는 길은 쉽지 않았다. 그러나 에펠의 묘를 만나는 순간, 그 모든 마음의 갈등과 피로가 눈 녹듯 사라졌다. 가족묘 옆에는 기둥이 세워져 있고, 거기에 꽃바구니가 걸려 있었다. 그 아래에는 에펠의 약사(略史)가 프랑스어로 적혀 있었다. 그런데, 마지막 문장 "MERCI GUSTAVE"가 눈길을 사로잡았다. 가만히 보니 뭔가 이상했다. 'T'에는 자유의 여신상을, 'V'에는 에펠탑을 거꾸로 세워놓은 것이다. 나는 감탄했고 감동했다. 재치와 유머 속에 에펠에 대한 모든 게 함축되어 있다. 르발루아는 이름이 알려지지 않은 작은 도시에 불과하다. 그러나 르발루아는 프랑스였다. 르발루아는 에펠을 품을 만한 도시였다.

위 에펠의 가족묘에 있는 플라크. 에펠이 르발루아 페레에서 공장을 운영했다는 것을 알리고 있다.
아래 "고마워요, 구스타브!"

에펠은 떠났어도 에펠탑은 남았다. 에펠은 가고 없지만 프랑스인의 가슴 속에 에펠탑은 최초, 최고, 최상의 상징이다. 런던의 빅벤이 아무리 아름다워도, 또 피사의 사탑과 엠파이어스테이트가 아무리 유명해도 에펠탑을 따라갈 수 없다. 그러니 "고마워요, 구스타브"라는 말 외에 무슨 말이 더 필요할까.

21세기 들어서도 에펠탑은 지난 100년 동안 그래왔던 것처럼 끊임없이 새로운 이야기들을 꽃피우고 있다. 어느 나라건 지폐에는 그 사회가 가장 존경하고 숭배하는 인물의 초상화를 담는다. 유로화가 유통되기 전, 프랑스 200프랑 지폐에는 에펠이 들어가 있었다. 앞면에는 에펠이, 뒷면에는 에펠탑이 각각 인쇄되었다. 프랑스 사람은 늘 말한다.

"고마워요, 구스타브."

피아프,
신의 목소리
1915~1963

Edith Piaf

피아프는 곧 파리다!

천재 영화감독 크리스토퍼 놀란. 그는 2015년 〈인터스텔라〉로 세계인을 우주의 세계에 초대해 놀라움과 함께 진한 휴머니즘을 선사했다. 〈인터스텔라〉가 세상에 나오기 4년 전 놀란 감독은 〈인셉션〉이라는 영화를 세상에 선보였다. 〈인터스텔라〉가 아인슈타인의 상대성 이론을 영상 언어로 쉽게 풀어놓은 것이라면, 〈인셉션〉은 프로이트의 무의식 개념을 영화로 만든 것이다. 그러니까 〈인셉션〉은, 놀란 감독이 우주로 향한 머나먼 여행(〈인터스텔라〉)에 앞서 인간 무의식의 깊고 깊은 심층세계를 탐사한 영화라 할 수 있겠다.

〈인셉션〉은, 인간은 무의식의 지배를 받는다는 대전제 아래 기획된 영화다. 미래의 예상되는 결과를 바꾸기 위해 인간의 사고와 판단을 지배하는 무의식의 세계에 들어가 그 무의식을 형성하는 기억을 변경하거나 삭제한다. 무의식, 꿈, 현실, 토템 등 정신분석학에서 사용하는 용어들이 빈번하게 반복된다.

〈인셉션〉이 상영되는 120분 동안 간헐적으로 흘러나오는 노래가 있다. 에디트 피아프가 부른 〈나는 아무것도 후회하지 않아요(Non, Je ne

영화 〈인셉션〉
한국판 포스터

regrette rien〉〉이다. 그것도 그냥 들리지
않는다. 마치 종유동굴에 떨어지는 물방
울 소리가 메아리처럼 아득히 먼 곳에서
들려오는 것 같다.

영화 초반인 14분에 주인공들이 신칸
센 열차를 타고 교토로 가던 중에 처음
이 노래가 두세 소절 흘러나온다. 그리고
끊긴다. 28분에 다시 두세 소절이 나온
다. 이어 53분과 1시간 42분에 다시 잠깐
흐른다. 마지막 엔딩 크레딧이 올라가는
2시간 6분에 또다시 울려퍼진다.

의도된 고도의 절제! 그 결과 이 노래
는 관객의 잠재의식에 남아 영화가 진행
되는 동안 배경음악으로 계속 흐르는 것
같은 환청에 빠지게 한다. 크리스토퍼 놀
란 감독이 치밀하게 기획한 결과다. 노래는 영화 전체 줄거리의 모티브
로 사용되었다. 〈인셉션〉을 본 사람이라면 〈나는 아무것도 후회하지
않아요〉의 멜로디를 잊을 수 없게 될 것이다. 설령 그가 에디트 피아프
를 모른다고 해도.

에디트 피아프가 부른 이 노래는 어린이들에게도 익숙하다. 만화영
화 〈마다가스카르 3〉를 통해서다. 이 영화에서 〈나는 아무것도 후회
하지 않아요〉가 전주부터 시작해 1절이 모두 흘러나온다. 여자 주인
공이 부르는 노래가 화면과 기막힌 조화를 이루면서, 도저히 잊혀지지
않는 노래로 뇌리에 박힌다. 외국 영화에서만 그런 게 아니다. 수년 전
나온 텔레비전 드라마 〈제빵왕 김탁구〉에서도 바로 이 노래가 사용되

었다. 〈제빵왕 김탁구〉에서는 이 노래가
사랑의 세레나데로 변신했다. 많은 시청
자들이 김탁구를 통해 에디트 피아프를
접했다.

이뿐인가. 2003년에 나온 영화 〈러브
미 이프 유 데어(Love me if you dare)〉가
있다. 우리말로 옮기면 '용기가 있다면 나
를 사랑해줘'가 되겠다. 마리옹 코티아
르가 발랄하고 상큼하고 앙증맞고 사랑
스럽게 나오는 아름다운 영화. 이 영화
가 나왔을 때 남녀 주인공의 명대사가 유
행하기도 했다. "어른이 된다는 것은, 계
기판은 210까지 있지만 60으로밖에 달릴

1947년의 에디트 피아프

수 없는 것" 등. 이 영화에는 〈장밋빛 인생〉이 여러 버전으로 나온다.
트럼펫으로 연주되기도 하고, 루이 암스트롱과 도나 서머의 목소리로
도 나온다. 같은 노래인데 전혀 다른 노래처럼 들린다. 반세기 전에 나
온 〈장밋빛 인생〉이 청춘의 순수한 사랑에 가장 잘 어울린다는 느낌이
들게 하는 영화다.

맥 라이언과 케빈 클라인이 주연한 영화 〈프렌치 키스〉에서도 〈장밋
빛 인생〉이 흐른다. 로맨틱 코미디 영화 〈사브리나〉에서는 오드리 햅
번이 험프리 보가트가 모는 차를 타고 가던 중 〈장밋빛 인생〉을 부른
다. 여기서 오드리 햅번은 프랑스어로 노래하는데, 피아프와는 완전히
분위기가 다르다. 트럼페티스트 루이 암스트롱은 영어로 번역한 〈장밋
빛 인생〉을 불렀다. 스필버그 감독의 영화 〈라이언 일병 구하기〉에도
피아프가 부른 〈당신은 어디에 있나요(Tu est partout)〉가 흘러나온다.

에디트 피아프가 눈을 감은 때가 1963년이다. 50년이 훨씬 넘었지만 그가 부른 노래는 여전히 세계 곳곳에서 울려퍼진다. 그의 노래를 듣노라면 프랑스어의 아름다움에 감탄하지 않을 수 없다. 프랑스어는 "언어가 아닌 음악"이라는 말을 실감하게 된다. 특히 횡경막을 울리며 터져나오는 'r' 발음은 어느 샹송 가수도 감히 흉내낼 수 없는 신의 경지다.

피아프는 파리를 상징하는 목소리다. 모차르트가 빈인 것처럼 피아프는 곧 파리다. 파리의 하늘 아래에서 피아프의 노래가 들리지 않는다면 그건 파리가 아니다. "샹송의 여왕", "불멸의 프랑스 목소리"라는 별칭은 결코 허사(虛辭)가 아니다. 세계의 유명 음악가들은 앨범을 낼 때마다 피아프의 노래를 한 곡씩 불러 그녀에게 헌정한다. 신인가수들은 데뷔 앨범에 피아프의 노래를 취입한다. 어디 음악뿐인가. 피아프의 삶과 음악은 영화와 연극으로 끝없이 재탄생한다.

창녀촌에서의 어린 시절

에디트 피아프만큼 많은 전기가 쏟아져 나온 가수도 드물다. 그만큼 그의 삶이 곡절이 많고 파란만장하다는 의미다. 피아프는 파리 벨빌에서 1915년 12월 19일에 생을 받았다. 벨빌(Belleville)은 '아름다운 마을'이라는 뜻이다. 파리에서도 노동자 계층이 주로 사는 곳이었다. 출생 장소부터 두 가지 설이 있다. 하나는 벨빌 로 72번지 도로 위에서 태어났다는 것이고, 다른 하나는 출생신고서에 의거해 테농 병원에서 태어났다는 설이다. 벨빌에서 태어났을 때 부모는 딸을 에디트 가시옹이라고 이름 지었다.

출생 장소와 관련된 설이 분분하다는 이야기는, 부모의 재정 상태가 극히 불안정했다는 것을 방증한다. 《런던이 사랑한 천재들》에서 만난 찰리 채플린이 바로 그랬다. 1889년 런던의 빈민가에서 태어난 채플린의 생가는 지금까지도 알려지지 않았다. 삼류 배우와 가수였던 부모는 사글세방을

전전하던 상태에서 채플린을 낳았고 출생신고도 제때에 하지 않았다.

에디트 피아프의 음악을 이해하려면 그녀의 삶을 들여다봐야 한다. 먼저 가계를 살펴보자. 아버지 루이 가시옹은 노르망디 출신의 거리 곡예사였다. 지금도 파리에는 적지 않은 수의 거리 곡예사와 가수들이 공연을 한다. 지하철 샤틀레 역의 환승 통로, 퐁피두센터 앞과 같은 광장, 시청 앞 광장 등이 그들의 활동 무대다. 영화 〈퐁네프의 연인들〉은 거리 곡예사와 시력을 잃어가는 화가의 사랑을 그린 영화다.

아버지 루이 가시옹의 부모는 노르망디에서 사창가를 운영했다. 그러니까 에디트의 조부모는 사창가 포주였다. 어머니 마일라르는 이탈리아 리보르노 태생으로, 파리에서 카페 가수로 생계를 꾸렸다. 마일라르의 부친은

거리 곡예사였던
아버지 루이 가시옹

곡예사였다. 에디트는 부계에서 곡예사의 피를, 모계에서 가수와 곡예사의 피를 물려받았다. 부모 양쪽으로부터 예술가적 기질을 물려받았다는 것은 예술가 탄생에서 종종 있는 경우다. 이것은 부모가 배우와 가수였던 찰리 채플린의 피에 흐르는 DNA와 아주 흡사할 뿐 아니라 유년기에 들이닥치는 불행까지 판박이다.

거리 곡예사와 카페 가수가 변변한 방 한 칸도 없이 아이를 키운다는 건 쉬운 일이 아니다. 어머니는 갓난아기의 육아를 포기한다. 에디트는 외할머니의 보살핌을 받으며 지낸다. 에디트가 한 살 되던 해인 1916년에 아버지가 프랑스 육군에 입대해 1차 세계대전에 참전한다. 아버지는 딸을 노르망디에서 사창가를 운영하던 어머니에게 맡긴다.

창녀들이 엄마를 대신해 어린 에디트를 돌보았다. 사창가는 2층 집으로 방이 모두 7개가 있었다. 5~6명의 창녀들이 그 집에 살았다. 어린 에디트는 집안의 언니들이 낯선 남자들을 '받는' 모습을 보며 자랐다.

나는 오래 전에 매춘부 3인과의 인터뷰를 통해 '그들이 사는 이유'라는 제목의 기사를 쓴 적이 있다. '미아리 텍사스'와 '청량리 588'에서 그들과 마주 앉아 장시간 인터뷰를 하며 사창가 안을 들여다볼 기회가 있었다. 손님이 없는 낮 시간에 여자들이 포주의 어린 꼬마들과 놀아주거나 돌봐주는 모습이 보였다.

시간과 공간은 다르지만 노르망디의 그런 꼬마

들 속에 어린 에디트가 있었다. 에디
트는 할머니 집에서 13년을 보냈다.
그녀는 자신이 남자의 유혹에 약한 이
유를 어린 시절 사창가에서 창녀들과
함께 보냈기 때문이라고 믿었다. 에디
트는 가수로 성공한 뒤에 전기작가에
게 노르망디 시절의 기억을 회상하곤
했다. "나는 남자가 여자를 원하면 여
자가 결코 거절해서는 안 되는 것이라
고 생각했다."

에디트가 할머니 집에서 지낼 때 학
교를 다녔는지는 분명하지 않다. 어디
에도 학교와 관련된 기록이 없는 것으
로 미뤄 에디트는 정규 학교의 문턱도
밟아보지 못한 것 같다. 이 점 역시 고

차이나타운으로 변한
벨빌 로

아원을 전전하며 학교 근처에도 못 가본 채플린을 연상시킨다.

에디트가 태어난 곳으로 알려진 벨빌 로 72번지로 길을 잡았다. 지
하철 2호선 벨빌 역에서 내려 벨빌 가로 접어드는 순간, 코끝으로 중국
냄새가 파고들었다. 지금 벨빌 로는 차이나타운이 되어 있었다. 파리에
서 두 번째로 큰 차이나타운이다. 벨빌 로는 완만한 언덕길로 이어지
고 있었다. 프랑스어 간판만 보다가 한자 간판을 보니 마치 LA 코리아
타운에 온 것처럼 반갑기까지 했다. 오르막길을 올라가면서 솔직히 큰
기대를 하지는 않았다. 다만, 설령 아무런 표식이 없더라도 그냥 벨빌
로의 분위기를 느껴보는 것만으로도 충분하다는 생각이었다.

벨빌 차이나타운은 조금 특별했다. 건물 측면에 어딘가 범상치 않

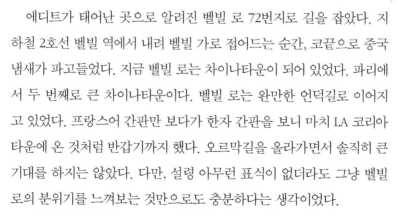

은 그라피티(담벼락 등에 낙서처럼 긁거나 스프레이 페인트를 이용해 그리는 그림)가 그려져 있었다. 파리 시내 곳곳에서 그라피티를 발견할 수 있지만 여기는 그 수준이 달라 보였다. 벨빌 로는 파리 시내에서 '그라피티 구역'으로 유명하다고 통역이 부연 설명했다.

72번지 앞에 이르렀을 때 우리 일행은 환호했다. 플라크가 붙어 있었다. 그뿐인가. 문 옆 담벼락에 에디트 피아프 얼굴 이미지를 이용해 만든 포스터도 붙어 있었다. 플라크를 읽어내려 갔다.

"1915년 12월 19일 이 집의 계단 위에서 가장 헐벗은 모습으로 태어난 에디트 피아프는 훗날 목소리로 세상을 뒤엎었다."

벨빌 로 72번지 생가에 붙어 있는 피아프의 플라크와 포스터

'가장 헐벗은 모습'이란 그녀에게 주어진 척박한 환경의 은유였다. 이번에는 담벼락에 서투르게 붙여진 포스터를 살펴보았다. 에디트의 팬이 만든 것처럼 보이는 포스터에는 "길의 맞은편에서"라는 문구가 적혀 있었다. 에디트가 발표한 노래의 제목이다. 노래 제목처럼 '길의 맞은편에서' 72번가 생가의 전경을 찍고 싶었지만 자동차 행렬이 끊이질 않아 쉽게 틈이 나지 않았다. 주로 중국 식당에 식자재를 납품하는 차량들이었다. 나는 한참 틈을 보다가 겨우 길을 건널 수 있었다.

에디트 피아프 팬이라면 벨빌 로 72번지는 한번 와볼 만하다. 그 시대의 분위기가 물씬 묻어난다. 다만 벨빌 불바르와 혼동하지 않도록. 에디트가 태어난 곳은 루(rue)에 있다.

떠돌이 가수 생활

1929년, 아버지 가시옹은 열네 살 딸을 파리로 불러들였다. 에디트는 아버지의 곡예사 팀에 들어가 난생 처음으로 모르는 사람들 앞에서 노래를 불렀다. 에디트는 다음해에 이복 여동생인 시몬 베르토를 만나게 된다. 두 사람은 금방 의기투합해 팀을 만들었다. 자매는 서로를 의지하며 거리 가수로 생계를 꾸린다. 틈틈이 아버지의 거리 곡예사 팀에도 합류할 때도 있었다.

자매는 이렇게 모은 돈으로 부모에게서 독립해 방 하나를 빌렸다. 파리 18구 베롱 가에 방 하나를 장기 임대했다. 자매는 피갈에서 사람들의 왕래가 많은 광장이나 보도에 낡은 모자를 뒤집어놓고 노래를 불렀다. 운이 좋은 날에는 모자에 제법 돈이 모아졌다. 종종 파리 교외로도 나가 노래를 불렀지만 주요 활동 무대는 피갈가였다(클럽에서 유명해진 1939년 그는 〈그녀는 피갈 가에 자주 나타났다〉라는 노래를 발표한다).

에디트 자매가 노래했던 피갈 가로 가보자. 지하철 12호선과 2호선이 만나는 피갈 역으로 향했다. 피갈 역은 '물랭루즈'가 있는 블랑쉬 역 직전 역이다. 떠돌이 가수를 했던 그곳에 에디트를 기념하는 그 무엇이 남아 있겠는가. 그래도 가보고 싶었다. 에디트가 기약 없는 거리의 가수 생활을 한 그곳에 가면 그때의 분위

거리의 가수 시절의
에디트와 베르토 자매

기를 조금은 느낄 수 있지 않을까 하는 막연한 호기심 때문이었다. 피갈 지역이 파리에서 가장 위험한 우범지대라는 얘기를 들었지만 대낮에 가는데 무슨 일이 있을까 싶었다.

피갈 지역이 '위험한 곳'이라는 주의가 결코 허튼 말이 아니라는 사실을 깨닫는 데는 시간이 오래 걸리지 않았다. 지하철 출구를 나서자마자 길 양쪽에 사복 경찰이 2인 1조로 근무를 서고 있었다. 피갈 가는 피갈 광장 아래쪽으로 좁고 길게 이어졌다. 어린 소녀가 길바닥에 모자를 뒤집어놓고 노래를 부른 곳은 어디쯤이었을까. 피갈 가는 행인이 드물었다.

내가 피갈 가와 피갈 광장에 머문 시간은 한 시간 정도에 불과했다. 짧은 시간이었지만 피갈 지역은 전체적으로 지저분했다. 거리에서 마주치는 사람들의 눈빛은 불안했고 입성은 거칠었다. 지금도 이런 분위기인데, 1930년대는 어땠을까.

피갈 광장에서 내려다 본 피갈 거리와 표지판

1932년 에디트는 루이 듀퐁을 만나 사랑에 빠진다. 열일곱 살 때였다. 로미오는 열일곱, 줄리엣은 열다섯 살에 사랑에 빠졌다지만, 열일곱 살은 아직 어린 나이다. 그럼에도 두 사람은 함께 지내기로 했다. 듀퐁은 자매가 쓰는 작은 방으로 이사했다. 듀퐁과 베르토는 서로 마음에 들어 하지 않았지만 세 사람은 비좁은 집에서 어색한 동거를 시작한다. 듀퐁은 에디트가 떠돌이 가수 생활을 하는 것을 달가워하지 않았다. 틈만 나면 다른 일을 하라고 설득했다. 하지만 에디트는 노래를 부르는 일이 더 재미있었다.

1933년 2월, 열여덟 살 에디트는 딸 마르셀을 낳았다. 에디트는 떠돌이 가수 생활을 하면서 아이를 키우기가 어렵다는 걸 알았다. 자신의 엄마가 그랬던 것처럼. 게다가 에디트는 모성 본능도, 부모로서의 지식도, 살림살이 기술도 전혀 없었다. 에디트는 몸을 어느 정도 추스른 그해 여름 다시 거리의 가수로 돌아갔다. 듀퐁은 에디트가 애를 돌보지 않고 거리로 나가자 분개했고, 두 사람의 갈등이 잦아졌다. 급기야 에디트는 베르토와 함께 딸 마르셀을 데리고 듀퐁 곁을 떠났다.

두 사람은 피갈 광장에서 가까운 작은 호텔에 투숙했다. 두 사람이 거리 공연을 나가면 딸 마르셀은 종종 혼자 남겨지곤 했다. 이런 사정을 전해들은 듀퐁은 호텔에 들이닥쳐 딸을 데려갔고, 아이가 보고 싶으면 집으로 들어오라는 메모를 남겼다. 에디트는 양육비를 댔지만 집으로 돌아가지는 않았다. 아이를 키우는 게 싫었을까? 아니면 그보다 거리에서 노래를 부르는 게 더 좋았을까? 안타깝게도 딸은 두 살 때 돌림병인 수막염에 걸려 저 세상으로 떠나고 만다.

가수로 데뷔하다

1935년은 에디트의 인생에서 잊을 수 없는 해였다. 피갈 거리에서 가녀린 참새처럼 노래 부르던 키 작은 여자를 눈여겨 본 사람이 있었다. 루이 르플레였다. 그는 샹젤리제 근처에서 나이트클럽을 운영하고 있었다. 르플레는 에디트에게 자신의 나이트클럽에서 노래를 불러보지 않겠냐고 제안했다. 르플레는 에디트가 키가 작다는(142센티미터였다) 단점에도 불구하고 가수로서 타고난 재능이 이런 신체적 약점을 능가하고도 남을 것이라고 보았다. 잘만 다듬으면 '물건'이 되리라고 생각했다.

르플레는 그녀에게 '라 몸 피아프(La Môme Piaf)'라는 예명을 지어주었다. '라 몸 피아프'는 '작은 참새'라는 뜻이다. 르플레는 그녀에게 무대 매너의 기초를 가르쳤고 검정색 드레스를 입도록 했다. 검정색 드레스는 이후 피아프의 트레이드마크가 된다. 르플레는 '작은 참새'의 나이트클럽 데뷔를 대대적으로 홍보해 배우 모리스 쉬발리에 같은 명사들이 나이트클럽을 찾게 만들었다. 데뷔 무대는 성공이었다. 관객들은 '작은 참새'에 박수를 보냈다. '작은 참새'는 순식간에 나이트클럽 최고의 인기 가수로 부상했다. 이때부터 그녀는 '피아프'로 불리게 된다.

르플레는 자연스럽게 그녀의 매니저가 된다. 르플레는 1935년 피아프에게 레코드 두 장을 취입하게 했다. 레코드판 한 장은 여성 작곡가 마그리트 모노가 작곡한 곡으로 채워졌다. 피아프와 작곡가 마그리트 모노는 이렇게 인연을 맺었고, 두 사람의 관계는 평생을 지속한다(피아프의 대표곡 중 하나인 〈사랑의 찬가〉는 바로 마그리트 모노 작곡이다). 이제 피아프는 더 이상 찬바람을 맞으며 노래를 하지 않아도 되었다. '작은 참새'를 보기 위해 나이트클럽에 오는 손님들이 날이 갈수록 늘

데뷔 직후 '작은 참새'를 다룬 신문 기사

었다.

　인생살이가 그렇듯 불운은 예기치 못한 곳에서 예고 없이 들이닥친다. 1936년 4월, 르플레가 피살되는 사건이 발생한다. 피아프 역시 피의자로 조사를 받았고 종범(從犯)으로 기소된다. 나중에 무죄로 석방되었지만 피아프가 받은 타격은 컸다. 피아프는 하루아침에 무대를 잃어버렸다.

　르플레 피살 사건은 피아프가 떠돌이 가수로 지내던 시절 관련이 있던 조직 폭력배의 소행인 것으로 밝혀졌다. 언론은 수많은 부정적인 억측성 보도를 쏟아냈고, 가수로 막 빛을 보려던 피아프를 압박했다. 자칫 하면 다시 나락으로 굴러 떨어질 수도 있는 순간이었다.

　이때 피아프를 지켜준 사람이 작사가 레이몽 아소(1901~1968)다. 피아프는 아소에게 모든 걸 맡겼다. 아소는 멘토이자 매니저로서 벼랑 끝에 서 있는 피아프를 구하는 홍보 전략을 짰다. 아소는 먼저 피아프의 예명을 '라 몸 피아프'에서 '에디트 피아프'로 바꾼다. 그리고 불필요한 대중과의 접촉을 제한했

위 **작곡가 마그리트 모노**(가운데)와 피아프
아래 **피아프와 레이몽 아소**

다. 아소는 작곡가 모노에게 피아프의 떠돌이 가수 시절에 대한 연민을 불러일으키는 곡을 써달라고 의뢰했다. 레이몽 아소는 작사가지만 탁월한 홍보 전문가이기도 했다. 홍보 전문가로서 아소는 수렁에 빠진

피아프를 구해냈고 새롭게 탄생시키는
데 결정적인 역할을 했다.

레이몽 아소는 누구인가. 프랑스 남부
니스 태생인 아소는 부모가 이혼하자 열
다섯 살에 혼자 모로코로 건너갔다. 아
소는 목동, 운전사, 공장 노동자, 나이트
클럽 매니저 등 여러 직업을 전전했다.
1916~1919년 사이에는 프랑스군 북아프
리카 기병대에 지원해 터키와 시리아에서
복무하기도 했다. 서른한 살까지 별의별
직업을 다 가져보았다.

1933년, 서른두 살에 접어든 아소는 막
연히 글을 쓰는 일을 하겠다고 결심한다.
그는 파리로 상경했다. 작사가로 성공하
려고 여기저기를 뛰어다녔지만 문은 열리
지 않았다. 1935년 피아프를 만나기 전까
지. 피아프는 아소의 연인이자 뮤즈가 되
었다. 아소는 애인이 부를 노래의 노랫말
을 집중적으로 썼고, 피아프의 노래가 히
트하면서 자연스레 작사가 아소도 이름
을 얻기 시작했다.

아소는 르플레 피살 사건으로 위기에
빠진 피아프를 구해냈고, 피아프가 ABC
뮤직홀에 설 수 있도록 주선했다. 피아
프가 '에디트 피아프'로 ABC 뮤직홀에

피아프가 전속 출연했던 ABC 뮤직홀

데뷔하던 날, 객석에는 시인이자 평론가인 장 콕토가 앉아 있었다. 문화예술계에 영향력이 막강했던 장 콕토는 처음으로 피아프의 노래를 들었다. 다음날 장 콕토는 《피가로》지에 피아프를 극찬하는 평론을 썼다.

"에디프 피아프는 누구도 흉내낼 수 없는 여가수다. 피아프 이전에 피아프는 없었고, 피아프 이후에도 피아프는 없을 것이다."

이것이 계기가 되어 장 콕토와 피아프는 예술적인 교감을 나누며 평생의 친구가 된다.

피아프와 아소의 관계는 전쟁이 갈라놓았다. 2차 세계대전 초기인 1939년 여름, 아소가 프랑스군에 소집되면서 두 사람의 관계는 종지부를 찍는다.

이브 몽탕과의 사랑

1940년 6월 14일, 나치 독일은 파리를 피 한 방울 흘리지 않고 접수했다. 독일과의 전면전 4주 만에 마지노 방어선이 와해된 프랑스는 파리를 폐허로 만드는 대신 항복을 선택한다. 나치의 파리 점령 기간 동안 피아프는 역설적으로 최고의 전성기를 맞는다. 피아프는 영화배우 쉬발리에, 시인 자크 보르게를 포함한 명사들과 돈독한 우정을 쌓는다. 아소가 떠났지만 피아프는 이제 스스로 노랫말을 쓸 수 있을 정도가 되었다.

피아프는 이 기간 동안 파리 시내의 유명한 나이트클럽에서 노래를 불렀다. 물랭루즈, 르 샤바내, 르 스핑크스, 셰즈 마그리트 등. 1944년 봄, 그는 물랭루즈 뮤직홀에서 무명 가수 이브 몽탕을 만난다. 이브 몽탕은 스물세 살, 피아프는 스물아홉 살이었다.

이탈리아 사람인 이브 몽탕이 조국을 등지고 프랑스로 이주하게 되는 과정은, 모든 이념의 경합장이 되었던 20세기 초 유럽사의 축쇄(縮刷)다. 이브 몽탕의 아버지는 빗자루 제조상으로 열렬한 공산주의자였다. 그런 아버지가 몽탕이 두 살 때인 1923년 솔가해 이탈리아를 떠나 프랑스 마르세유로 이주한다. 이탈리아에 공산주의와 대척점에 있던 파시스트 정부가 들어섰기 때문이다. 이로 인해 이탈리아인의 피가 흐르는 몽탕은 사실상 프랑스 사람으로 마르세유에서 성장했다. 청년 시절 그는 누나의 미장원에서도 일

했고 부두에서 일용직 노동자로도 일했다. 몽탕의 꿈은 가수였다. 파리로 무작정 상경해 뮤직홀 가수로 연예계 생활을 시작했다. 그러다 가장 유명한 밤무대의 하나인 물랭루즈에 출연할 기회를 잡았고, 여기서 물랭루즈의 간판스타인 피아프의 눈에 띄었다.

피아프는 이브 몽탕의 후원자 겸 매니저를 자처한다. 피아프는 몽탕을 위해 노랫말을 쓰고 작곡가에게 곡을 의뢰해 음반을 내준다. 두 사람은 자연스럽게 연인이 되었다. 노래 잘하고 키 크고 잘생긴 몽탕은 1년이 채 지나지 않아 스타덤에 오른다. 피아프는 몽탕과 연인관계로 지내던 1944~1945년에 노래를 9곡만 발표하는 데 그친다. 자신의 음악보다는 몽탕의 성공을 위해 전력했다는 뜻이다.

스타덤에 오른 몽탕은 더 이상 피아프의 도움이 필요없어졌다. 몽탕에게 여자들이 몰려들었고 더 이상 피아프에 연연하지 않아도 되었다. 가수로 시작한 몽탕에게 영화계에서도 러브콜이 쇄도했다. 몽탕은 배우로도 크게 성공해 훗날 프랑스를 대표하는 배우 중 한 명이 된다. 몽탕이 떠난 뒤 피아프는 그와 사랑을 나눈 행복했던 시간을 노랫말로 썼다. 그게 1946년에 나온 〈장밋빛 인생〉이다.

"나를 꼭 껴안고 매혹의 말을 들려주세요. 이것이야말로 장밋빛 인생입니다. 당신이 입맞춤할 때는 최고로 행복해요. 그리고 나는 눈을 감고 장밋빛 인생을 보는 것입니다. 당신이 나를 가슴에 안을 때, 나는 별천지에 있는 것입니다. 그것은 장미꽃이 피는 세계입니다. 당신이 말할 때, 하늘에서 천사가 노래하지요. 모든 말이 사랑의 노래로 되고 마는 것 같아요. 당신의 마음과 혼을 나에게 주십시오. 인생은 언제나 장밋빛 인생이 되지요."

이브 몽탕 앨범

가사를 음미해 보자. 어려운 단어가 하나도 없다. 노랫말이 단순하고 지극히 평범하다. 피아프는 사랑의 순간을 황홀하다고 표현하지 않았다. 대신 그 순간을 장미꽃이 피는 세계로 비유했다. 황홀하다는 말보다 얼마나 구체적이고 아름다운가. 대중은 이런 진솔한 노랫말에 격하게 공감했다. 그의 노랫말을 보면 관념적인 단어를 거의 발견할 수 없다. 질곡한 삶에서 우러나오는 진솔한 이야기를 노랫말로 썼을 뿐이다. 일부러 꾸미거나 멋지게 보이려는 어떤 장식도 없다. 1949년에 발표한 〈사랑의 찬가〉의 노랫말도 마찬가지다.

여기서 언급하고 넘어가야 할 것이 목소리다. 피아프의 목소리를 듣고 있으면 몽마르트의 좁고 가파른 뒷골목이 연상된다. 달리다(이집트 태생의 프랑스 가수 겸 배우)의 목소리와 비교해 보면 확실히 차이가 있다. 달리다의 목소리에는 생제르망 대로의 세련되고 화려한 불빛이 오버랩된다.

피아프의 목소리는 슬프다. 그러나 이 '슬프다'라는 단어로는 한계가 있다. 그녀의 목소리에는 구슬픔과 처연함과 고독감이 배어 있다. 어떤 면에선 투쟁적이고 비극적이다. 〈장밋빛 인생〉에서도 그렇게 아름답고 꿈결처럼 들리지는 않는다. 사랑이 끝났을 때 찾아오는 씁쓸한 비애감이 목소리에 절묘하게 녹아 있다. 그래서일까. 이별의 슬픔에 괴로워하는 이들의 어깨를 다독인다. 그러면서도 사랑을 꿈꾸는 이들의 가슴을 부풀어오르게 한다.

어떤 이는 몽탕이 자신을 키워준 피아프를 차버렸다며 그를 비난하기도 한다. 하지만 남녀 사이에 마음의 빛바램을 누가 뭐랄 수 있을까. 피아프는 몽탕이 떠난 뒤 몽탕과의 사랑했던 순간을 기억해 〈장밋빛 인생〉이라는 노랫말을 불과 15분 만에 써냈다. 불멸의 곡이 탄생하는 배경이 되었다는 점에서 몽탕과의 사랑은 역사적이다. 〈장밋빛 인생〉은 이후 수많은 가수에 의해 불려져 그 불멸성을 확인시켰다.

물랭루즈의 신화

피아프와 이브 몽탕이 함께했던 물랭루즈로 길을 잡는다. 2호선을

물랭루즈

다고 블랑쉬 역에서 내린다. 피갈 역과 바로 이웃한 역이다. 블랑쉬 역 주변은 파리에서 좀도둑이 기승을 부리고 바가지 상술이 판치는 곳으로 알려져 있다. 관광객은 말할 것도 없고 파리 지리를 어느 정도 아는 유학생들도 당한다고 한다. 역사를 나오니 1시 방향으로 물랭루즈가 보였다. 파리 여행이 처음인 사람이든 여러 번인 사람이든 물랭루즈는 고향 마을 동구 밖의 오래된 은행나무처럼 반갑다.

세계인들은 저 붉은 풍차를 얼마나 많이 보아왔던가. 내가 '물랭루즈'라는 프랑스어를 처음 접하게 된 것은 코미디언 이주일을 통해서였다. 1980년대 초반 이주일은 "못생겨서 죄송합니다"라는 유행어를 히트시키며 코미디계의 황제로 등장했다. 이주일의 주가가 하늘 높은 줄 모르고 치솟을 때 서울 종로에 있던 극장식 식당이 물랭루즈였다. 이 물랭루즈는 북창동에 있던 극장식 식당 '초원의 집'과 함께 이주일을 독점 출연시켜 손님을 끌었다. 코미디계의 황제 이주일과 함께 물랭루즈와 초원의 집에 출연한 가수는 조용필, 조영남, 인순이였다. 이주일이 물랭루즈에 출연한다는 신문광고가 하루가 멀다 하고 실리곤 했다. 나는 그때 처음 물랭루즈가 '붉은 풍차'라는 뜻이며 파리에 있는 극장식 식당이라는 것을 알게 되었다. 물론 당시 상호는 '무랑루즈'라고 표기했지만 말이다.

물랭루즈 앞의 파리 시 문화유산 푯말

에펠탑이 세상에 등장하던 1889년에 문을 연 물랭루즈는 현재 파리 시 지정 문화유산이다. 물랭루즈는 처음에는 춤, 연극, 서커스 등 장르를 제한하지 않고 모든 무대 공연을 펼쳤다. 물랭루즈가 파리에서 유명해진 것은 1907년 여장남자가 출연한 '이집트의 꿈'이 공전의 히트를 치면서부터다. 이어 캉캉춤을 세상에 처음 선보이면서 캉캉춤의 발상지로 명성을 굳혔다.

물랭루즈가 세계적인 명성을 얻게 된 데는 한 인물의 역할을 빼놓을 수 없다. 물랭루즈의 단골손님이었던 화가 툴루즈 로트레크가 그 주인공이다. 로트레크는 캉캉춤을 추는 무희들을 주인공으로 홍보용 포스터를 그렸는데, 이게 요즘 말로 '대박을 쳤다'. 그러면서 물랭루즈는 극장식 식당의 신화로 자리잡았다.

여기까지는 20세기 초반까지의 이야기다. 그렇다면 지금은? 과거의 명성만 가지고 현재의 까다롭고 변덕스런 관객을 공감시킬 수 있을까? 물랭루즈는 과거에 머물지 않았다. 전통을 유지한 채 끝없는 변신을 거듭해 왔다. 지금은 아쿠아리움 쇼까지 한다. 현재 마카오에서 공

물랭루즈 현관. 오른쪽에 메뉴와 가격표가 보인다.

연 중인 '하우스 오브 댄싱 워터'가 새로운 트렌드라는 것을 정확히 파악한 레퍼토리다. 물론 무희들의 캉캉춤 레퍼토리는 변함없다. 2차 세계대전 종전 후 파리를 찾은 여행객들은 치마를 들고 번쩍번쩍 치켜 올리는 무희들의 미끈한 다리와 아름다운 몸매에 넋을 잃었다.

현관 진열장의 메뉴를 꼼꼼히 훑어본다. 쇼와 식사와 샴페인 1병이 나오는 '벨 에포크' 메뉴가 230유로, 쇼와 식사만 나오는 '툴루즈 로트레크' 메뉴가 200유로, 쇼만 보는 요금이 125유로였다. '벨 에포크'와 '툴루즈 로트레크' 메뉴 이름에서 우리는 물랭루즈가 전통과 역사에 감사하고 있다는 것을 알 수 있다. 물랭루즈는 1889년, 벨 에포크의 정점에 태어나 툴루즈 로트레크에 의해 세계적인 명성을 얻었다는 사실을 메뉴에서 분명하게 드러낸다.

모든 신화는 세월과 세대에 따라 끝없이 변주된다. 신화로 승격된 물랭루즈 역시 예외가 아니다. 2001년 나온 뮤지컬 영화 〈물랑루즈〉. 니콜 키드먼이 주연한 이 영화는 1899년 물랭루즈가 배경이다. 우리는 이 뮤지컬 영화를 통해 '물랭루즈'가 지상에서 가장 화려한 세계였음을 재확인했다.

복서 마르셀 세르당

어린 시절 겪은 지독한 애정결핍이 무의식으로 작용한 탓이었을까. 피아프는 자신을 배신한 남자에게는 미련을 두지 않는 게 생존의 지혜라는 것을 일찌감치 터득했다. 몽탕과 헤어진 피아프에게 또 다른 사랑이 벼락처럼 들이닥쳤다. 권투 세계챔피언 마르셀 세르당(1916~1949)이 바로 피아프의 다음 사랑이었다. 통산 전적 113승(66KO) 4패의 전설적인 복서. 세르당이 자녀를 셋 둔 유부남이라는 사실은 사랑에 아무런 장애가 되지 않았다.

세르당은 1916년 북아프리카의 프랑스 식민지 알제리에서 태어났다. 그가 프로복서로 데뷔한 것은 열여덟 살 때인 1934년. 이후 세르당은 1939년까지 47연승을 달린다. 1938년에 카사블랑카에서 프랑스 웰터급 챔피언에 올랐다. 이 과정에서 '모로코 폭격기', '카사블랑카 강타자' 등의 별명을 얻게 된다. 이후 유럽 웰터급 챔피언 타이틀을 차지한 데 이어 미들급으로 한 체급 올려 다시 프랑스 챔피언과 유럽 챔피언에 오른다. 1948년 9월, 그는 마침내 미국 뉴저지에서 토니 잘레를 12라운드 KO승으로 꺾고 미들급 세계챔피언이 된다.

1차 방어전 상대는 미국의 제이크 라모타. 1차 방어전은 1949년 6월, 미국 디트로이트에서 열렸다. 불운이 그를 덮쳤다. 1라운드에서 다운을 당하는 과정에서 그만 어깨뼈가 빠져버린 것이다. 그럼에도 10라운드까지 버티다가 결국 10라운드를 끝내고 경기를 포기하고 만다. 그

연인이었던
복서 마르셀 세르당

는 1차 방어전에서 세계챔피언 타이틀을 내주는 불명예의 장본인이 되었다.

복싱 팬들은 리턴매치를 요구했고 두 선수는 재경기를 갖기로 합의했다. 리턴매치를 위한 트레이닝 캠프에 들어가기 직전 그는 갑자기 뉴욕행 에어프랑스 여객기를 탔다. 뉴욕에서 공연 중인 피아프를 만나기 위해서였다. 파리를 이륙한 여객기가 포르투갈 서쪽 북대서양 아조레스 군도에 추락하고 만다. 중간 기착지인 아조레스 군도의 산타마리아 섬에 착륙하려다 추락해 탑승객 48명 전원이 사망했다. 마르셀 세르당의 비행기 추락 사망 사건은 그가 전직 세계챔피언인데다 피아프의 연인이라는 사실로 인해 전세계 신문의 1면을 장식한다.

두 사람이 처음 만난 곳은 1948년 여름 미국 뉴욕. 세르당이 세계챔피언 왕좌에 오르기 직전이었다. 피아프는 몽탕과 헤어진 뒤 새로운 전기가 필요했다. 피아프는 자신이 발굴한 아홉 명의 남자들을 모아 '샹송의 친구들'이라는 그룹을 결성했다. 잘생기고 밝고 순수한 목소리를 지닌 그룹과의 공연은 피아프의 음악세계를 확장시켰다. 피아프는 모두가 인정하는 프랑스 최고의 샹송 가수였다. 그러나 그녀의 꿈은 거기서 멈추지 않았다. 세계 최고의 가수가 되고 싶었다. 그러기 위해서는 뉴욕 브로드웨이에서 성공해야만 했다.

1947년 10월 그녀는 '샹송의 친구들'과 함께 브로드웨이 플레이하우스 극장무대에 섰다. 브로드웨이 데뷔전은 쓸쓸한 실패를 맛보아야만 했다. 미국 관객들은 피아프의 사연 많은 목소리를 낯설어 했다. 파리에서 하던 대로 노래했지만 미국에서는 받아들여지지 않았다. 한 번 실패했다고 낙심할 피아프가 아니었다. 다시 철저히 준비한 뒤 1948년 1월 베르사유 극장무대에 다시 섰다. 이번에는 대성공이었다. 피아프가 세르당과 만난 것은 브로드웨이 공연으로 미국에 장기 체류할 때였다. 두 사람은 처음 본 순간부터 사랑의 불꽃이 타올랐다.

영화 〈에디트와 마르셀〉
포스터

피아프는 세르당의 죽음에 대한 죄책감으로 괴로워했다. 비행기 사고가 자신이 세르당에게 빨리 오라고 재촉했기 때문이었다고 생각한 것이다. 피아프는 사랑을 잃은 슬픔을 노랫말로 썼다. 그게 〈사랑의 찬가〉다. 남자들이 배신해도 언제나 툴툴 털고 일어나 뚜벅뚜벅 자기 길을 걷던 피아프였지만 이번만큼은 달랐다. 사랑하는 사람이 이 세상에서 영원히 사라져버렸다. 피아프는 "내가 가장 사랑한 남자는 세르당이었다"고 고백했다. 피아프는 고통스러워 미칠 것만 같았다. 술을 점점 더 많이 마셨고, 잠을 자지 못해 수면제와 신경안정제에 의존하는 날이 많았다. 급기야 마약에까지 손을 댔다. 피아프는 조금씩 무너지기 시작했다.

1983년에 두 사람의 사랑을 다룬 영화 〈에디트와 마르셀〉이 나왔다. 감독은 〈남과 여〉를 연출했던 클로드 를르슈이고, 마르셀 역으로는 마르셀의 아들 마르셀 세르당 2세가 맡았다.

올랭피아 뮤직홀의 전설

피아프는 1952년 뉴욕에서 만난 샹송 가수 자크 필스와 결혼한다. 서른일곱 살에 한 첫 결혼! 육체적·정신적 안정을 찾으려 선택한 결혼이었다. 여배우 마를렌 디트리히가 결혼식의 들러리를 섰다.

결혼 이후 불행의 검은 그림자가 피아프 주변을 어른거렸다. 교통사고를 잇따라 당했고, 그 후유증으로 몸이 쇠약해져 갔다. 그럴수록 약물에 의지하는 횟수가 늘었다. 이런 가운데서도 자크 필스와의 결혼생활은 4년을 지속한다. 피아프는 노래를 위해 태어난 사람이었다. 육체적인 쇠락이 노래에 대한 열정을 꺾을 수는 없었다. 이를 악물고 무대에 섰고, 1954년 〈파리의 하늘 아래(Sous Le Ciel de Paris)〉를 불렀다.

남편 자크 필스와 피아프

미국에서도 인기가 치솟았다. cbs '에드 설리번 쇼'에 8회나 출연했다는 사실이 피아프의 인기를 방증한다. '에드 설리번 쇼'는 훗날 엘비스 프레슬리, 비틀즈 등이 출연해 세계적 스타로 공인받은 무대였다. 특히 비틀즈의 '에드 설리번 쇼' 출연을 가리켜 언론은 '영국 침공(British invasion)'이라 불렀다.

여기서 '브루노 코퀘트릭스'라는 작곡가이자 나이트클럽 사장이며 레코드 회사 사장을 잠깐 언급해야 한다. 코퀘트릭스는 300곡이 넘는 곡을 쓴 사람이다. 그런데 그가 평가받는 것은 다른 데 있다. 그는 무명 가수를 발굴해 스타로 키워내는 데 탁월한 능력이 있었다. 그는 버라이어티 극장을 운영하다 1954년 유럽에서 가장 큰 뮤직홀 '올랭피아'를 인수했다. 이후 그는 당대의 가수들을 올랭피아 무대에 서게 했다. 조르주 브라슨, 자크 브렐, 질베르 베코드, 조니 할리데이, 달리다, 미레이유 마티유, 이브 몽탕 등이 올랭피아 무대를 빛낸 가수들이다.

'올랭피아'는 피아프에게도 잊을 수 없는 곳이다. 1955년 1월부터 1962년 10월까지 그녀는 이곳에서 다섯 차례의 특별공연을 했다. 그녀는 올랭피아

올랭피아 뮤직홀 전경

에서 불멸의 이름을 얻었다. 올랭피아 뮤직홀에서 가진 다섯 차례의 공연은 편집되어 레코드판으로 발매되었다. 특히 1961년 공연은 파산 직전에 몰린 올랭피아 극장을 살리기 위한 자선공연이었다. 피아프는 이 공연에서 〈나는 아무것도 후회하지 않아요〉를 발표했다.

올랭피아 뮤직홀로 가본다. 카퓌시네 대로 28번지에 있는 이 극장의 또 다른 이름은 '에디트 피아프 홀'이다. 지하철 마들렌 역이나 오페라 역에서 내리면 된다. 샤넬의 아파트가 있는 캉봉 가에서 5분 거리에 있다.

내가 올랭피아 뮤직홀을 찾아간 시간은 오전 열한시쯤이었다. 카퓌시네 대로 28번지 건너편에 이르렀을 때 극장 앞은 취재진들로 왁자했다. 무슨 일일까. 가까이 가서 보니 오픈 카에 에디트 피아프와 꼭 닮

올랭피아 뮤직홀 앞의
피아프 밀랍인형

은 여자가 검정색 드레스를 입고 서 있었다.

프랑스 국립도서관에서 전시 중인 에디트 피아프 특별전 홍보를 위해 에디트 피아프 홀에서 이벤트가 진행 중이었다. 길 건너편에서 봤을 때는 에디트 피아프를 닮은 여자가 오픈카에 서 있는 줄 알았다. 가까이서 보니 그게 아니었다. 피아프의 밀랍인형이었다. 특별전 주최 측이 보도진을 위해 밀랍인형을 들고 와 올랭피아 뮤직홀 앞 차도 가장자리에 세워놓은 것이다. 밀랍인형은 놀라울 정도로 피아프와 똑같았다. 그리고 꼭 살아 있는 사람 같았다. 차도에서 밀랍인형을 보니 그 뒤에 '에디트 피아프 뮤직홀'이라는 글씨가 선명했다.

올랭피아 뮤직홀로 들어가려면 굴처럼 생긴 내리막길을 20여 미터 걸어가야 한다. 현관문을 통과하면 극장 안으로 들어가는 문 직전에 한 남자의 사진이 걸려 있다. 브루노 코퀘트릭스였다. 사진이 내려다보는 홀 양옆 벽면에 올랭피아를 빛낸 스타들의 사진이 붙어 있었다. 유튜브에서 노년의 이브 몽탕이 부른 〈고엽〉을 선택해 클릭하면 '올랭피아 뮤직홀 실황 동영상'이라는 자막이 뜬다. 물랭루즈에 갔을 때도 그랬지만 올랭피아에 와서 나는 또다시 자괴감에 빠졌다. 전통과 역사를 소중히 여기며 그것을 지속 가능하게 하는 파리지엥의 안목과 한국의 현실이 자꾸만 비교가 되어서 말이다.

파리 시내가 마비되다

피아프는 자크 필스와 이혼하고 나서 6년간 혼자 살았다. 이 말은 피아프가 남자를 만나지 않았다는 뜻은 아니다. 음유시인으로 불리는 가수 조르주 무스타키와도 연인관계로 지냈다.

1962년 10월 9일, 피아프는 파리 16구 시청에서 두 번째 결혼식을 올렸다. 상대는 스무살 연하의 그리스 출신 헤어드레서 테오 사라포! 피아프의 팬들은 상대가 스무 살 연하라는 사실과 너무 평범한 직업인이

스무 살 연하의 남편
테오 사라포와 피아프

라는 이유로 두 번째 결혼을 못마땅하게 생각했다. 그러나 사라포는 세상의 달갑지 않은 시선에도 불구하고 가여운 참새의 마지막 사랑이 되기를 자처했다. 두 사람의 결혼 장면은 유튜브에 올라와 있다. 피아프가 축하를 받으며 환하게 웃는 모습이 화면에 가득하다. 피아프는 결혼 후 사라포를 가수와 영화배우로 데뷔시켰다. 두 사람은 함께 노래를 취입하기도 했는데, 유튜브에서 두 사람이 함께 무대에 선 동영상을 확인할 수 있다.

1963년 초 피아프는 간암 진단을 받았다. 이런 와중에도 3월 21일 오래 전에 예약되어 있던 릴 오페라 극장 무대에 섰다. 이게 마지막 무대였다. 이후 그녀는 남프랑스에 있는 향수의

피아프의 관이 페르 라
셰즈 공원묘지로 운구
되는 장면

고장 그라스로 요양을 떠났다. 별장의 침대에 누운 채 수개월 동안 의
식이 오락가락했다. 1963년 10월 10일 피아프는 이승과 이별을 고했
다. 사라포가 옆에서 피아프의 마지막 순간을 지켜보았다. 피아프는
사라포에게 이런 마지막 말을 남겼다.

"이 세상에서 우리가 하는 모든 어리석은 일도 가치가 있는 일이다."

피아프가 눈을 감자 사라포는 시신을 파리로 옮겼다. 눈을 감기 직
전, 피아프는 가톨릭교회에서 장례를 치러주길 희망했지만 가톨릭교회
는 그녀의 이혼 경력을 들어 장례미사 집전을 거부했다. 이런 가톨릭교
회 입장과는 관계없이 장례식이 치러지던 날 수만 명의 시민이 거리로
나와 운구차를 따르며 '작은 참새'의 죽음을 애도했다. 시민들은 운구
행렬을 뒤따라 페르 라셰즈 묘지까지 갔다. 묘지에서 매장의식이 치러
질 때는 10만 명 이상이 묘지는 물론 묘지 밖의 거리까지 가득 메웠다.
이날 파리 시내는 교통이 완전히 마비되었다. 이것은 2차 세계대전이

끝나는 날, 즉 파리가 해방되던 날인 1944년 8월 26일 이후 처음 있는 일이었다. 피아프는 페르 라셰즈 공원묘지의 가족묘에 합장되었다.

1967년 '크레스팽 뒤 가스트'로 5번지에 에디트 피아프 박물관이 들어섰다. 그녀가 세상을 떠난 지 불과 4년 만에. 이 집은 그녀가 한 번도 살았던 집이 아니다. 그런데 왜 이곳에 박물관을 세웠을까? 피아프 팬클럽 '에디트 피아프의 친구들'이 자체적으로 집을 구입해 피아프 박물관으로 만든 것이다. 그날 이후 그들은 피아프와 관련된 것을 모아 박물관을 채워나갔다. 이 박물관은 사전 약속을 해야만 방문할 수 있는데, 지하철 2호선 '메닐 몽탕' 역에서 가깝다. 아파트 입구에 작은 안내문이 붙어 있다. "박물관을 보고 싶은 사람은 아래 전화로 연락을 부탁합니다."

피아프 박물관 정문과 플라크

천국의 눈물

피아프가 묻혀 있는 페르 라셰즈 묘지로 간다. 피아프 묘는 97구역

71번에 있다. 97구역은 묘지 입구 위에서 내려다봤을 때 오른쪽 끝에 있다. 일단 97구역만 찾아가면 된다. 비바람 몰아치는 날이 아니라면 최소 몇 사람은 그 앞에서 서성거리고 있을 테니 못 찾을까봐 걱정할 필요는 없다. 페르 라셰즈의 묘지 순례자들이 97구역에서 반드시 들르는 곳이 피아프 묘다.

피아프의 묘지는 큰 길에서 안쪽으로 살짝 들어가 있었다. 피아프 묘에서 대각선 방향, 그러니까 큰길가에는 초현실주의의 창시자 살바도르 달리의 묘가 있다. 피아프는 심심하지 않을 것 같다. 기발하고 재미있는 남자 달리가 곁에 있으니.

'가시옹 피아프 가족묘'는 외관만 놓고 보면 너무나 평범했다. 피아프가 여기 묻히던 그날, 애도 인파가 97구역 앞길까지 밀려들었고, 경찰이 안간힘을 다해 인파를 밀어내는 사진을 본 적이 있다. 아버지 루이 알퐁스 가시옹의 이름과 두 번째 남편 테오 사라포가 보였다. 사라포는 교통사고로 일찍 세상을 떠났다.

그녀의 이름은 '에디트 피아프라 불린 람부카스 부인'이라고 새겨져 있다. 람부카스는 테오 사라포의 본명이다. 피아프가 결혼 직후 미용

피아프의 가족묘

Louis Alphonse GASSION
1881 - 1944

Madame LAMBOUKAS
dite EDITH PIAF
1915 - 1963

Théophanis LAMBOUKAS
dit THEO SARAPO
1936 - 1970

2015년 프랑스 국립박물관에서는 에디트 피아프 탄생 100주년 기념 특별전을 열었다.

사 남편을 가수로 데뷔시키면서 '테오 사라포'라는 예명을 붙여줬다.

가족묘의 앞뒤 양옆을 천천히 살펴보다가 나는 한 사람의 이름 앞에 그만 울컥했다. 마르셀 뒤퐁. 피아프가 이 세상에서 처음이자 마지막으로 배 아파 낳은 아이 이름이었다. 불과 2년을 살고 서둘러 하늘나라로 간 아이, 엄마 품에서 어리광 한번 부리지 못하고 눈을 감은 아이. 피아프는 첫 아이를 잃고 아이를 낳지 않기로 결심했을 뿐 아니라 평생 아이 이야기를 입 밖에 꺼내지 않았다. 아이는 천국에서 엄마를 알아보았을까. 이런 생각이 미치자 나도 모르게 입술에서 멜로디가 흘러나왔다. 에릭 클랩튼이 부른 〈천국의 눈물〉이었다.

피아프 묘지에는 메모지 몇 장이 꽂혀 있었다. 그 중에는 "나는 아무 것도 후회하지 않아요"라고 쓴 것도 있었다. 내가 피아프 묘지에서 머무는 30여 분 동안 한 무리의 여행객들이 몰려왔다. 중국인으로 보이는 남자가 〈장밋빛 인생〉을 읊조렸다. 피아프의 육신은 재가 되었지만 '작은 참새'는 세계인의 영혼 속에 살아 있었다.

참고문헌

《30분에 읽는 시몬느 드 보봐르》, 앨리슨 홀랜드 지음, 양혜경 옮김, 중앙M&B

《501 위대한 작가들》, 줄리언 패트릭 책임편집, 김재성 옮김, 뮤진트리

《Culture Chanel 장소의 정신》, ddp

《Guide to the Musée Rodin Collections》, Musée Rodin

《Maison de Victor Hugo Museum Guide》, Paris Musée

《Marcel Proust》, BnF

《Modigliani — Legend of Montparnasse》, Seoul Arts Center

《PARIS — Eyewitness Travel》, DK

《Piaf》, BnF

《The Gay 100 1-2》, 폴 러셀 지음, 이현숙 옮김, 사회평론

《게으른 산책자》, 에드먼드 화이트 지음, 강주헌 옮김, 효형출판

《고리오 영감》, 오노레 드 발자크 지음, 임희근 옮김, 열린책들

《나귀 가죽》, 오노레 드 발자크 지음, 이철의 옮김, 문학동네

《논란의 건축, 낭만의 건축》, 정대인 지음, 문학동네

《도시의 역사》, 조엘 코트킨 지음, 윤철희 옮김, 을유문화사

《드골》, 마이클 E. 해스큐 지음, 박희성 옮김, 플래닛미디어

《레 미제라블 — 고전 찬찬히 읽기》, 수경 지음, 작은길

《레 미제라블 1-5》, 빅토르 위고 지음, 정기수 옮김, 민음사

《로댕, 신의 손을 지닌 인간》, 이희재 옮김, 시공사

《마리 앙투아네트 운명의 24시간》, 나카노 교코 지음, 이연식 옮김, 이봄

《말테의 수기》, 라이너 마리아 릴케 지음, 김용민 옮김, 책세상

《모딜리아니 열정의 보엠》, 앙드레 살몽 지음, 강경 옮김, 다빈치

《목로주점 상·하》, 에밀 졸라 지음, 유기환 옮김, 열린책들

《발자크》, 파트리크 베르티에 외 지음, 임헌 옮김, 창해

《별》, 알퐁소 도데 지음, 김택 옮김, 꿈꾸는 아이들

《빅토르 위고》, 델핀 뒤사르 지음, 백선희 옮김, 동아일보사

《살롱문화》, 서정복 지음, 살림

《에밀 졸라》, 전진하는 진실, 박명숙 엮고 옮김, 은행나무

《에펠 스타일》, 마르틴 뱅상 지음, 배영란 옮김, 미메시스

《유럽 카페 산책》, 이광주 지음, 열대림

《잃어버린 시간을 찾아서》, 마르셀 프루스트 지음, 김희영 옮김, 민음사

《잃어버린 시간을 찾아서》, 스테판 지음, 열화당

《제2의 성, 시몬느 드 보부아르》, 이희영 옮김, 동서문화사

《제르미날 1-2》, 에밀 졸라 지음, 박명숙 옮김, 문학동네

《츠바이크의 발자크 평전》, 슈테판 츠바이크 지음, 안인희 옮김, 푸른숲

《코코 샤넬》, 에드몽드 샤를 루 지음, 강현주 옮김, 디자인이음

《클라시커 50 여성》, 바르바라 지히터만 지음, 안인희 옮김, 해냄

《파리 혁명과 예술의 도시》, 김복래 지음, 살림

《파리는 깊다》, 고형욱 지음, 사월의책

《포도주, 해시시, 그리고 섹스》, 조은섭 지음, 밝은세상

《프랑스 문화예술, 악의 꽃에서 샤넬 No. 5까지》, 고봉만 외 지음, 한길사

《프랑스 문화와 상상력》, 박기현 지음, 살림

《프랑스 현대소설의 탄생》, 김화영 지음, 돌베개

《프루스트의 화가들》, 유예진 지음, 현암사

찾아보기

작품명